JN064509

# 「心意気」から始める経営改革のススメ

ヒーズ株式会社 代表取締役
岩井 徹朗

LOGICA
ロギカ書房

# はじめに

会社をよりよくするために、また、これからの10年、20年をしっかりと乗り越えていくために、会社を大きく変えていく経営改革。社員の意識を変え、仕事のやり方を変え、お金の使い道を変えていく。経営改革の対象は広範囲に及びます。

時には痛みを伴うことがあります。時には見たくない現実と向かい合うことがあります。そして、今までとはあり方ややり方を大きく変えることで、批判を浴びたり、取引先が離れたり、社員が辞めてしまうこともあるかもしれません。

それでも、経営改革を続けていけるのか。

現状に危機感を抱き、孤軍奮闘されている社長さんに、弊社は**「心意気から始める経営改革」**をご提案しています。

我々は、心意気を**感情と紐づいた、その人を突き動かす原動力**と定義しています。まずは、社長ご自身の心意気が何かを見つけることが出発点です。

経営改革を進めていくにあたっては、いろいろな決断の場面に遭遇します。これをやるのか、やらないのか。やるなら、いつやるのか。やらないなら、代替策はどうするのか。

その決断が正しいかどうかは、決断した時点では分かりません。1年前には正しかった決断が現時点では間違った決断になっていることがあります。また、他社では正しい決断が、自社でも正しい決断になるとは限りません。だから、いくら優秀な社長でも常に正しい決断を下すのは難しいのです。

一方で、正しく決断することは、手順を踏めば誰でもできます。そして、その「正しく」のベースになるのは、**自分の心意気に沿っているかどうか**です。正しく決断することを続けていれば、遅かれ早かれ、自分にとっての正解に辿りつきます。けれども、自分の心意気に合致しない決断を続けていると、一見正解が見つかったように思えても、どこかに無理が生じているので、やがて軌道修正を迫られる結果になります。

経営改革は時には困難を伴うので、続けていくことに価値があります。そのために、常に戻れる絶対的な場所が必要です。その場所の軸となるのが心意気です。

弊社のようにコンサルティングやコーチング関連の仕事をしていると、「100万円の新規契約を取る」ということが最初にクリアすべき一つの目標になったりします。紹介先ではなく、まったくの新規のお客様に

金額100万円のサービスについて説明する
サービス内容や条件に納得してもらう
100万円を前払いで一括してもらう

そのためには、いろいろと越えるべきハードルがあります。

いわゆるモノがないものを売るので、そのサービスを利用すると、どのような成果が手に入るのかを言語化できないといけません。しかも、一括前払いという場合は、お客様に信頼していただかないと、なかなか難しいのが現状です。

恥ずかしながら、私の場合は、このような金額100万円以上のサービスについて、一括前払いで新規でご契約をいただくまでに10年かかりました。

それまでも、毎月の累計で、結果的に100万円以上になる仕事はありましたが、単価として100万円以上の新規契約が獲得できるまでには、かなり時間がかかったのです。

一方、弊社の取締役。起業当初から妻に弊社の取締役には就任してもらっていましたが、最初の7年ぐらいは私がセミナーを開催する際の受付業務など、サポート業務が中心でした。

けれども、生まれて初めてマーケティングとコーチングを学ぶ講座に参加してから、オ能が開花。本格的にお客様と直接接点を持つ仕事を始めて、約3年で単価100万円以上の新規契約を獲得したのです。

私が10年かかったところを、彼女は3年でクリアし、今や弊社の稼ぎ頭として活躍し、クライアントさんからも高い信頼を得ています。このため、社内では「3倍速の女」と呼んでいます（笑）。


弊社の取締役が私よりも3倍のスピードで成長したのには、私の実力の低さや私が起業後にいろいろと試行錯誤を重ねた経緯を横で見ていたという要因はあります。

けれども、過去のサラリーマン時代のビジネス経験からすれば、私の方がたくさんの仕事をこなしており、それなりの知識やノウハウも身につけています。

また、起業してからは、いろいろなコンサルタントの先生に教えを請うたので、ホームページの作り方やブログの書き方など、具体的なやり方に関しては、今でも私の方が知識もスキルも豊富です。

つまり、ビジネスに必要な経験、知識やノウハウに関しては、より多くのものを身につけています。けれども、実際の現場において、新規契約を獲得して売上につなげるという点では、経験もより少なく、必要最小限のノウハウしか持っていなかった取締役の方がより早く結果を出したのです。
その当時は理由がよく分かりませんでした。けれども、その後心理学や脳科学、哲学に関する研究を進めている中で、理由がハッキリしました。
最大の理由は、
私　：**自分の心意気に沿った仕事をしていなかった**
取締役：**自分の心意気に沿った仕事をしていた**
です。
当時は二人とも自分の心意気を言語化していませんでした。けれども、それぞれが自分の心意気を言語化して分かったのは
私　：自分の心意気と反するモヤモヤする仕事をそれとは気づかずにやっていた
取締役：自分の心意気に沿ってワクワクする仕事をそれとは気づかずにやっていた
のです。
いくら豊富な経験、知識やノウハウを持っていても、自分の心意気と一致していない仕

事をやっていると、無自覚のうちにブレーキがかかります。
一方、たとえ経験が乏しく、持っている知識やノウハウが少なくても、自分の心意気と一致している仕事の場合は、自然とアクセルを踏んでいるので、成果が早く出やすいのです。
このことを私は身を持って経験しました。それゆえ、申し上げたいのは、もし、毎日一生懸命仕事で頑張っているのに、自分が満足するような結果を手にしていない社長がおられたら、もしかすると、**今の仕事の取り組み方が、ご自身の心意気と反することである可能性がある**ということです。

頑張って努力しているのに満足できる結果が出ない時、大きく分けて3つのケースがあります。

やり方が悪い
やり方は正しいけれど、数が足りていない
やり方も正しく数も充分なのに、「何か」がおかしい

このうち、最初の2つについては、正しいやり方を学んで数をこなすことで、遅かれ早

かれ一定の成果は得られます。

一方、問題は第3のケース。上手くいかない要因である「何か」が自分でもよく分からないので、また別のノウハウを学んだり、さらにお金をつぎこんで投資をしたりしても、やはり成果につながりません。すると、「どうしたら良いか分からない」「何が悪いのかが分からない」という悩みのループに陥る恐れがあります。

この点、新たに知識を増やしたり、新しいノウハウを学んだりする前に、自分の心意気を言語化した方が、今まで学んだ知識やノウハウを活かすことにもつながります。

特に真面目な社長ほど、「より多くの知識を」、「もっと最新のノウハウを」と考える傾向があります。けれども、その知識やノウハウを使うのはあくまで人ですし、その知識やノウハウを使って価値を提供するのも人です。

知識やノウハウはパソコンで言えば、アプリに相当します。そして、心意気は言ってみればOS。最新のアプリを活用して、仕事で成果を上げるには、いろいろなアプリと連携するOSがどのような構造で動くのかを知っておく必要があります。なぜなら、OSが変われば、上手く作動しないアプリも出てくるからです。

知識やノウハウなど情報が溢れかえっている時だからこそ、自分を突き動かす原動力となる心意気を改めて問い直すことは大いに意義があります。

2022年9月

岩井　徹朗

# 目次

## 「心意気経営」の全体像

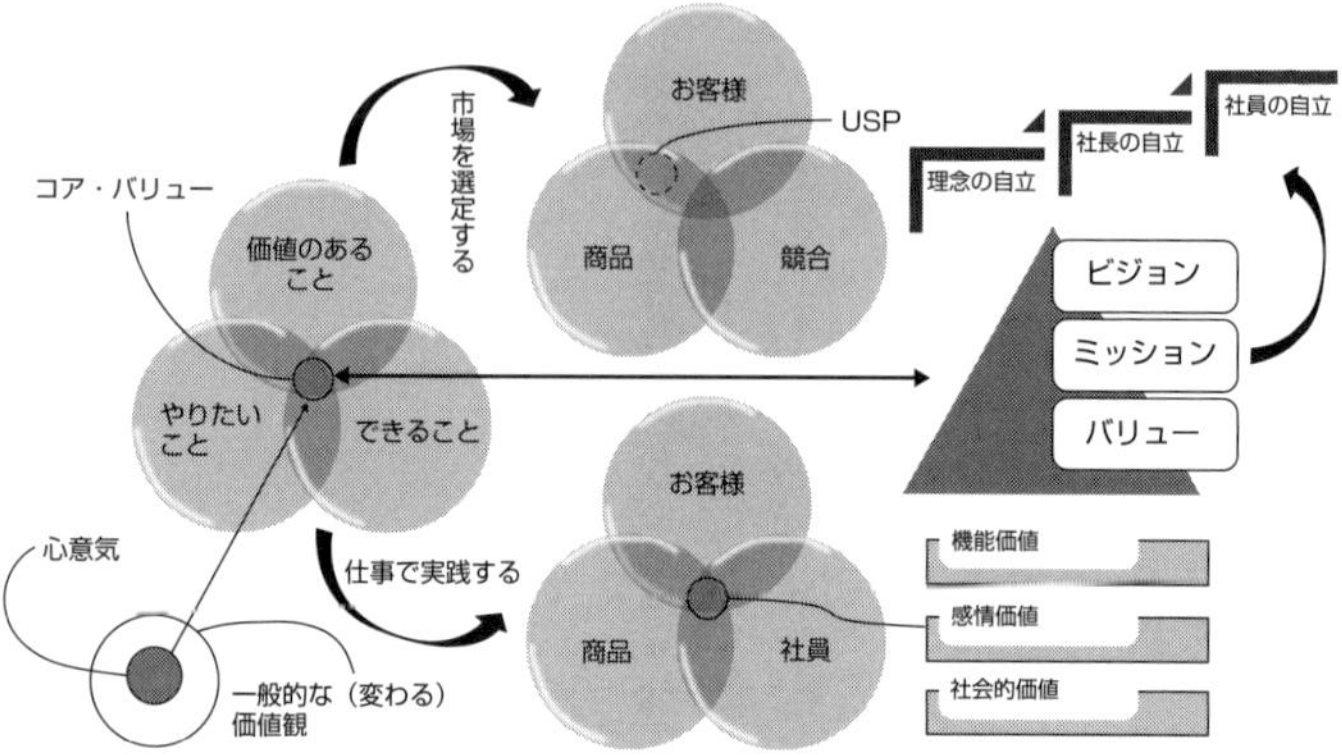


## 「心意気経営」における3つのフロー

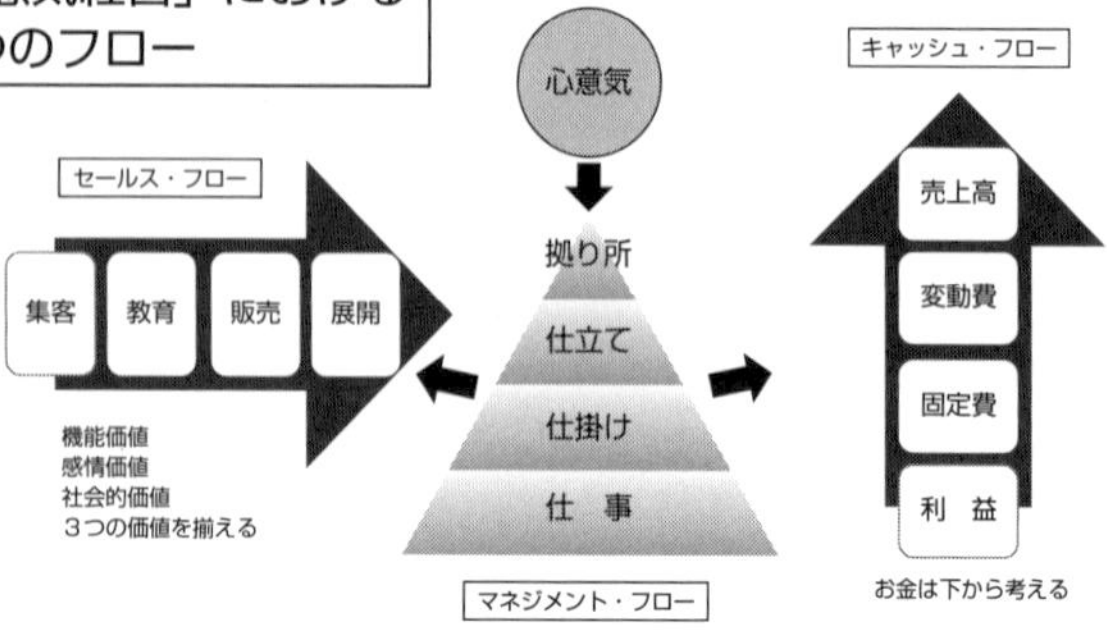

第1章

# 1 孤立無援を個立応援に変える

## 「坂の上の雲」の一節から読み取る「心意気」の大切さ

「人は生計の道を講ずることにまず思案すべきである。一家を養い得てはじめて一郷と国家のためにつくす。」

これは日露戦争を描いた司馬遼太郎さんの長編小説「坂の上の雲」の中に出てくる一節です。主人公の一人である秋山好古の終生変わらない思想だったと言われています。

秋山好古は日露戦争で日本騎兵を率いてロシアのコサック騎兵と死闘を繰り広げた軍人で、いわゆるお国のために尽くした人です。けれども、まず「一家を養う」、つまり、自分の生計を立てることを基本に置いていたことは意外だったので、とても印象に残っています。

私は2006年に起業して、当初は資金調達を含めた資金繰り対策を主な仕事にしていました。

会社は資金繰りが回らないと倒産します。つまり、一家を養うためにはまず資金繰りがきちんと回るよう早め早めに対策を打つことが大切です。

「一郷と国家のためにつくす」ためには、社長が会社の資金繰りを回せるようになることがポイントになります。このため、先の一節も、いわゆる資金繰りの大切さを説いたものとして、自分のブログやメルマガで引用していました。

けれども、ここ数年はそのニュアンスがやや変わってきています。

「一郷と国家のためにつくす」を別の言葉で言い換えると、「人のために役に立つ」ことと。すなわち、「人に何かしらの価値を提供する」ことです。

秋山好古が活躍した明治時代と違って、「一郷」とか「国家」とか言っても、ピント来ないかもしれません。現在であれば、「地球のために」「環境のために」という方がしっくりくるかもしれません。

いずれにせよ、何か自分以外の人やモノのために役立つことが大前提にあって、その出発点として「一家を養う」、つまり、自分で生計を立てるということが位置するという感じです。

**「誰かのために役に立つ」という目的があってこそ目先の資金繰りが大切**になります。

この点、起業当初は「キャッシュ・フロー経営」の定着をメインの仕事にしていましたが、いまは「心意気経営」に進化したと感じています。

## 「心意気経営」における「心意気」の定義

起業当初の私はサラリーマン時代の経験を基に、銀行との交渉の仕方や資金調達できる事業計画の作り方など、いわゆるノウハウの提供が中心であったように感じます。

けれども、仮に知識やノウハウを身につけて、銀行からお金を借りられたり、売上が上がったりするようになっても、「誰かのために役に立つ」という目的がハッキリしていないと、一時的な資金繰りの改善で終わってしまう恐れがあります。

心意気経営における「心意気」とは、**「感情と紐づいた、その人を突き動かす原動力」**です。

明治時代の軍人秋山好古にとっては、「一郷と国家のためにつくす」ことが原動力。そして、その原動力を戦場で如何なく発揮するために、普段はとても質素な暮らしを続けていました。

人は一人ひとり感情が違います。同じような環境で育った兄弟や姉妹であっても、「何に心が動くのか」は異なります。それゆえ、その人を突き動かす原動力である「心意気」も一人ひとり違うのです。

弊社がクライアントさんにご提供している「心意気経営」のメソッドでは、社長の心意気を言語化した上で、その人にあったノウハウをご提供することを心掛けています。

なぜなら、A社で上手くいったやり方が、B社で上手く機能するとは限らないからです。

世の中にはいろいろなノウハウが溢れています。会社経営というテーマであっても、最近は「パーパス経営」「健康経営」「キャッシュ・フロー経営」など、いろんな「○○経営」という言葉が言われています。

「心意気経営」も表現が「○○経営」となっているので、また、新たな経営のカテゴリーの話かと思われたかもしれません。けれども、「心意気経営」とは社長の心意気を会社の売上につなげていく手法のことです。

言ってみれば、一般に「○○経営」と言われているものの上位概念であり、社長の心意気が「パーパス経営」と通じる場合もあれば、時には「健康経営」という視点で捉えた方が、その心意気がより多くの人に伝わる場合もあります。

## 「心意気経営」が役立つ人

では、「心意気経営」はどのような人にとって、役立つのでしょうか。
それは「孤立無援」の人です。
具体的には以下のような人が対象になります。

自分のやりたいことに社員が無関心である
社員が自分の指示通りに仕事をしてくれない
社内に仕事の悩みを相談できる相手がいない
仕事を終えて家に帰っても気が休まらない
先代社長が仕事の進め方にいちいち口を挟む
古参の社員がやたらと自分に反発する
役員会で一度決めたことがすぐにひっくり返される
お客様が商品の価値を理解してくれない
商談の際、よく値段で比較される（値引き要求される）

取引先がこちらの求める水準の仕事をやってくれない「社長は孤独だ」とよく言われます。そして、頑張って自立しようとして、結果的に孤立している社長さんも少なくありません。

「自立する」の反対語は「依存する」ですが、自立するという際は「いざという時に頼れる人がいる」ことを意味します。つまり、応援してくれる人がいるということです。そして、応援してもらうには「面白そう」「楽しそう」と感じてもらう必要があります。

そして、心意気経営では、孤立無援の状態を個立応援（個が自立して応援される）に変えることがゴールになります。

## 「心意気経営」をいま提唱する理由

世の中が複雑になり、その変化のスピードが増している中、人は多かれ少なかれ、変わることを求められます。

私が社会人になった時、仕事における主な連絡方法は電話かＦａｘ、手紙か葉書ぐらいでした。けれども、今やＥメールはもはや古いツールになりつつあり、ＬｉｎｅやＭｅｓｓ ｅｎｇｅｒなど様々な連絡方法があります。

また、従来は会議室に集まって打ち合わせを行うのが一般的でしたが、今ではＺｏｏｍなどを使ってオンラインで打ち合わせすることも増えています。

このため、仕事の進め方においては、やるべきことや覚えなければならないツールの種類は以前よりも確実に増えています。

しかしながら、仕事の進め方は大きく変化する一方で、従来とは基本的には変わらないことがあります。

それは、人はワクワクする時には力を発揮するのに対して、モヤモヤする時には、本来の力をあまり発揮できていないということです。

どのようなことにワクワクするのかは人によって違います。けれども、ワクワクしていれば、自然と楽しい状態になっているので、「頑張って仕事しよう」と思わなくても、力を発揮しています。

そして、ワクワクしながら働いている人は、周りにも良い影響を与えるために、やがて人を巻き込んでいきます。

けれども、多くの人は、

自分がどのようなことにワクワクするのか
そして、なぜそのことにワクワクするのか

の両方を自分の感情と紐づけて言語化していません。

社長であれば、お客様から感謝されたら嬉しいのは皆さん同じです。けれども、その嬉しい理由は一人ひとり違います。

仮に「自分の商品が認められることが嬉しい」という点では同じであっても、

会社の売上になるから嬉しい
自分の努力が評価されるから嬉しい
お客様の役に立ったという実感が嬉しい

では、嬉しく感じる要因は異なります。
この点、誤解しないで欲しいのですが、自己啓発本に書かれているように、
会社の利益になるから嬉しいというのは自分のことしか考えていないのでダメだ
お客様のために役立つという考え方をしないと、会社のためにならない

ということを申し上げるつもりはありません。

まずは、自分の感情を受け止めて、どのようなことにワクワクするのかを自覚することが出発点になります。

なぜなら、自分はお金を儲けることにワクワクするのに、無理矢理にそれを否定して、「お金のためではなく、お客様のために頑張ろう」と思い直して行動しても、そこに一貫性がないため、やがてお客様に見透かされます。

それよりも、「なぜ、自分はお金を儲けることにワクワクするか？」を掘り下げた方がベターです。

子供の頃に家が貧しかったのが理由な人もいれば、別に貧乏だったわけではないのに、親のしつけの関係で、自分の好きなものを自由に買ってもらえなかったことが要因の人もいます。

前者の場合は「お金」は逆境から抜け出すためのツールであり、後者の場合、「お金」は自由の象徴になります。

このように深掘りして捉えると、お金を稼ぐことでワクワクするのは、下品なことでも、レベルの低いことでもないことが分かります。

けれども、子供から大人になるにつれて、いろいろな教えや情報に接することにより、人は知らず知らずのうちに、自分の感情に正直に向き合わずに、「いや、こうあるべきだ」「こうじゃないとダメだ」という思考をベースに行動するようになっているのです。

しかしながら、現在ではＳＮＳが発達して、有名人でなくても、その人の日頃の言動や考え方が情報として拡散される時代になりました。

したがって、よほど精緻に情報のコントロールを行わない限り、個人の本音の部分も伝わる人には伝わるようになっています。

そして、ホームページなどで公式に言っていることと、社長の本音の部分にどことなく齟齬があると、人は違和感を感じて、売上を持続的に上げるというのが難しくなりつつあります。

変化が激しい時代にあっては、逆に変わらないものが価値を生みます。お客様のニーズの変化に応じて、会社が売る商品も変化させていく必要があります。

けれども、その奥底に変わらない想いや信念があるかどうかで、その会社に対する信頼感も大きく変わってくるのではないでしょうか。

そして、中小企業など社長個人の影響力が大きい会社においては、社長の心意気を言語化することが、たとえ売る商品が変わっても、会社が提供する変わらない価値を明らかにする上で早道になります。

## 「心意気経営」を理解するための前提となる考え方

心意気経営をご理解いただくために、最初に前提となっている3つの考え方についてご説明したいと思います。

その3つの考え方とは、

（1）人は「言葉」を通して「事実」を認識する
（2）人は構造的にモノゴトを捉えることで、未知の問題にも対応できる
（3）人は「感情⬇思考⬇行動」の流れに沿う

### （1）人は「言葉」を通して「事実」を認識する

会社で仕事を行う際には「言葉を整える」ことが必要である。（図1）

### （2）人は構造的にモノゴトを捉えることで、未知の問題にも対応できる

より高い次元に立って思考することで、問題解決への道が開ける。（図2）

（図１）
人によって言葉の辞書は違うので、言葉を整える必要あり

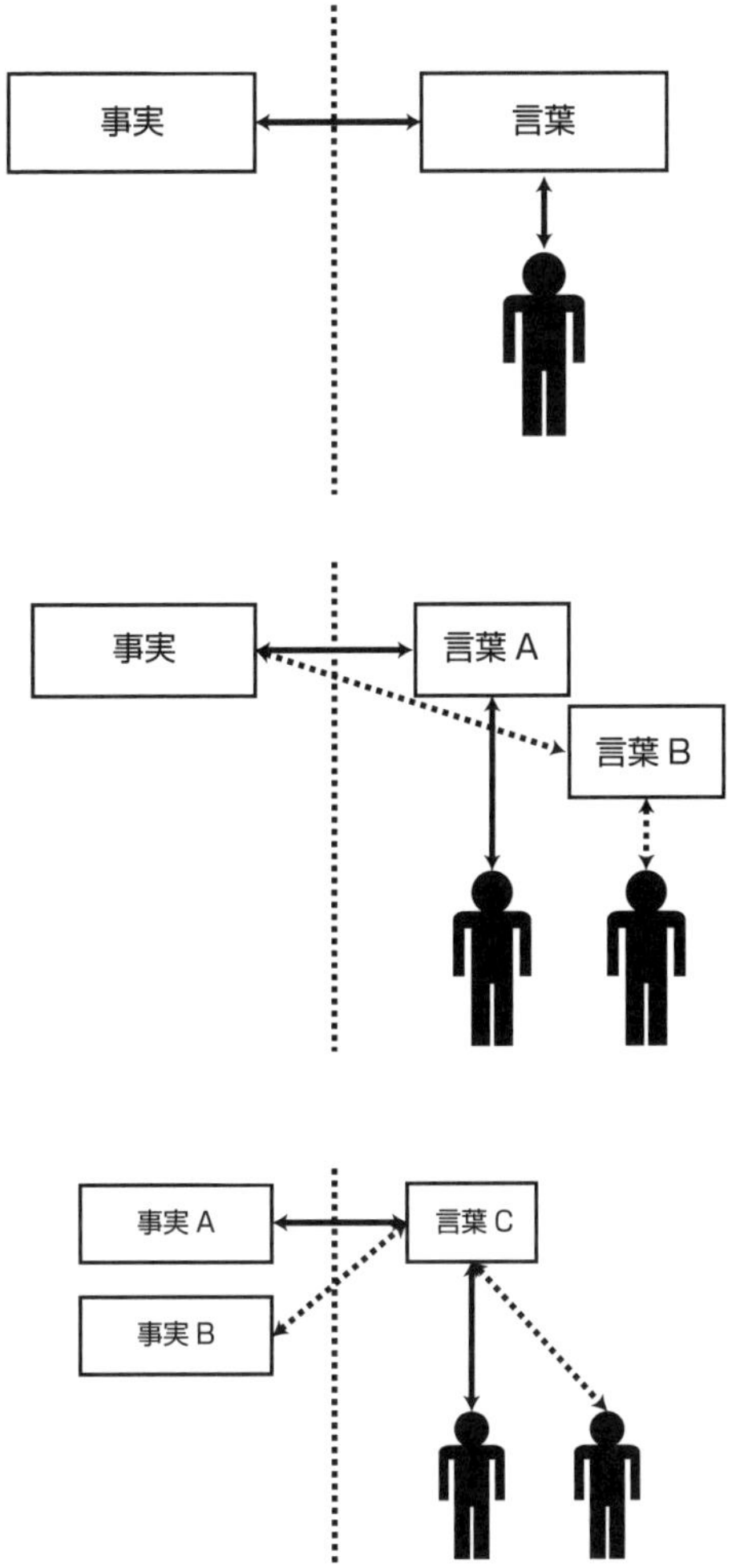

## （3）人は「感情➡思考➡行動」の流れに沿う

行動を変えるには、思考を変える必要があり、思考を変えるには感情にアプローチすることが必要である。（図3）

私が時々セミナーなどでやっている「問いかけ」があります。

それは、

ミネラルウォーターの入ったペットボトルを見せて、「これは何でしょうか？」と質問する

⬅

その答えを参加者に紙に書いてもらう

⬅

順番に答えを言ってもらう

というものです。

答えは「水」「ミネラルウォーター」「飲みもの」といったものから、「いろはす」といった具体的な商品名まで様々です。

（図２）より高い次元から考えて行動する

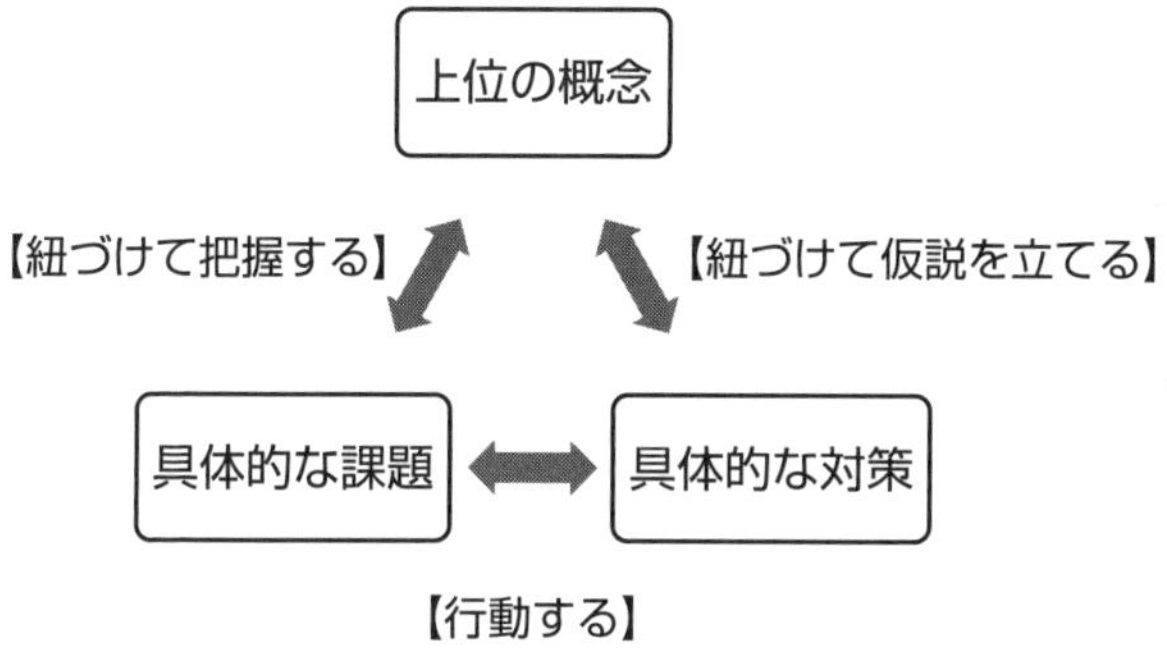


（図３）人は「感情➡思考➡行動」の流れに沿う

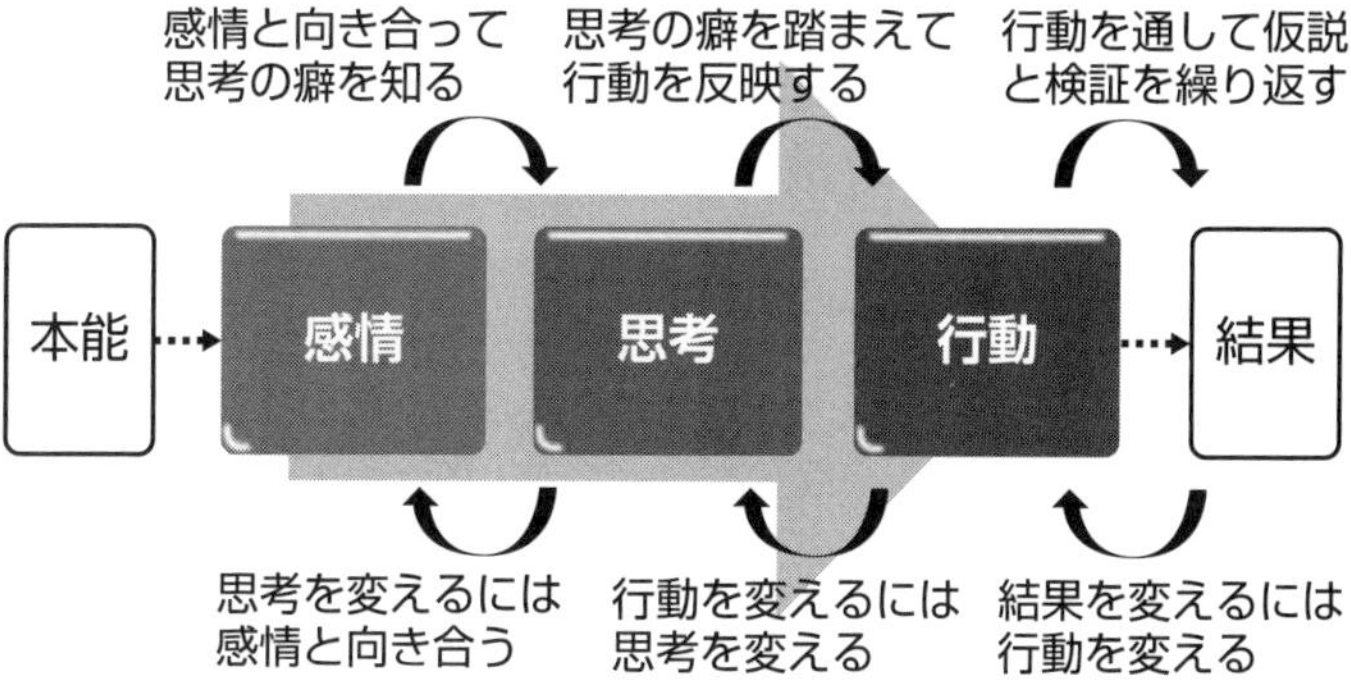

ある会社で、同じ問いかけを行ったところ、

水：2名

ミネラルウォーター：2名

商品名：1名

で、最後に社長さんの答えをお聞きしたところ、「ペットボトル」でした。

このように、具体的な1つのモノであっても、人によって認識する言葉が違います。

では、これがもう少し、抽象度の高い、会社の経営理念であったり、行動指針であったり、した場合はどうなるでしょうか？

おそらく、「この理念はこういう意味だ」ということを分かりやすい共通の言葉で共有していない限り、その真意は社員には伝わりません。

仕事のマニュアルのように、作業手順をきめ細かく記載すれば伝わるかもしれません。

しかしながら、「お客様のために」とか「お客様の笑顔を大切に」といった情緒的な内容になると、社長が考える「お客様」と社員が考える「お客様」の範囲やレベルが微妙に違うことも多く、立派な経営理念を掲げていても、現場でそれが日々の仕事に反映されていないといったことが起こります。

会社は様々な考え方を持った人たちが集まって、1つの仕事を行う場所です。このため、一定水準以上のレベルを保つためには、「言葉を整える」ことがどうしても求められます。

一方で、お客様の価値観が多様化し、それに対応するために、仕事も複雑化する中、あらゆる仕事を場合分けして、「この時はこうする」「こういう状況になったら、次のように対処する」というのを詳細に言語化するのは物理的に不可能です。

その時に必要となるのは、モノゴトを構造的に捉える力です。最近では「メタ認知力」という言葉も使われていますが、モノゴトを俯瞰的に捉え、共通点や差異を踏まえた上で、目の前の具体的な問題を自分の頭を使って考えて、解決する能力が不可欠です。

仮にマニュアルに書いていないことでも、

Aの時はBだった⬇今回は同じAだからBで大丈夫だ
Aの時はBだった⬇今回は違うCだからBではダメだ

というのを瞬時に判断して、最善の解決策を実行することが仕事では求められます。

「心意気経営」においては、

## 社長の心意気を反映させる形で経営理念を整える

## 経営理念と日々の仕事を結びつけることでメタ認知力を鍛える

ことがベースになっています。

そして、その際、心意気は社長の感情とも紐づいているので、「感情➡思考➡行動」の流れに沿って、より多くの人を巻き込める可能性が高いという特徴があります。

ＡＩ（人工知能）は過去のデータを大量に学習することで日々進化し、問題解決へのヒントを我々に示してくれます。

言葉の共通点や違いを認識し、「この問題であれば、◯◯という答えが正しい」という結論を導く点では、人のメタ認知力と同じような機能を果たします。

そして、コンピュータを使うので、時には人よりも早く、より正確に結論を導いてくれます。

けれども、感情を持たないＡＩには心意気はなく、「こうしたい」という意思もありません。将来的には意思を持ったＡＩも開発されるかもしれませんが、少なくとも現時点においては、意思を持ってメタ認知力を使えるのは人だけです。

このため、今流行りのＤＸが浸透して、仕事のデジタル化や業務の効率化がどんどん進んでも、心意気をベースにした仕事の進め方はなくなりません。

そして、仕事のデジタル化や業務の効率化が進めば進むほど、その部分においては差別化がますます難しくなります。それゆえ、会社の業績の決め手となるのは、人の感情に紐づいた心意気に関連する要素が増えてくる可能性が大きいと予測しています。

# 第2章

# 2 一貫性を貫いて現状を変革する

## 情報が溢れる時代に求められることとは？

私が起業したのは2006年。既にインターネットは普及し、メールによる連絡は普通に行われていましたが、今ほどSNSが流行っていませんでした。ホームページやブログを作っている会社もありましたが、まだすべての会社が取り組んでいたわけではありませんでした。

けれども、あれから16年経ち、今やホームページがあるのは当たり前の時代になり、インターネット経由で情報発信するのは日常風景になった感じです。

我々は江戸時代の日本人が一生掛けて得た情報を一日で受け取っているとも言われています。

たいへん便利な世の中になったと感じていますが、大量の情報が溢れ、変化が激しい世の中にあって、何かしらそれに不安を感じている人も少なくありません。

私が起業した直接のきっかけは、勤めていたベンチャー企業の資金繰り悪化。社長にいろいろと意見を言っても、まったく聞いてもらえない状況に直面し、「もう他人に振り回されるのは嫌だ」と感じて、勢いのまま独立しました。

幸いなことに、以前ご一緒に仕事をさせていただいた方からお声を掛けていただいたお陰で、最初から仕事が全くないという状況は避けることができました。しかしながら、起業するにあたって必要な知識やノウハウを身につけることなく会社を始めたので、途中から大きな壁にぶつかりました。

「新たな見込み客はどのように集めたら良いのか」「ホームページはどうやって作るのか」「ブログはどう書けばよいのか」など、会社が事業を続けていく上で必要なことを知らずに起業したツケが来たのです。

そこで、私は起業して数年経ってから初めて、起業塾のようなものに通い、コンサルタントの先生から学んだのです。

ホームページ、ブログ、Ｔｗｉｔｔｅｒ、Ｆａｃｅｂｏｏｋ、メルマガ…。今では多くの会社がやっていることを一通り学び、それなりの成果を得ることもできました。

けれども、起業して７～８年経ったくらいでしょうか、知識やノウハウは格段に増えたのに、なかなか売上に結びつかないという状況に陥りました。少なくとも起業した時からは経験も積み、経営に必要な知識やノウハウも着実に増えているのに、なぜか、売上が伸び悩んでしまったのです。

実は弊社のクライアントさんも、**真面目に努力を続けておられるのに、満足のいく結果**

**が得られていない**ために、ご相談に来られる方がほとんどです。

問題の原因が特定できれば、その問題は必ず解決できます。けれども、自分自身がいろいろと頑張っているのに、原因が分からないと不安に陥ります。

変化の激しい時代に安定して売上を伸ばしていくためには、経営者や会社が変化に対応して変わっていく必要があります。そして、そのための知識やノウハウは世の中にたくさん出回っています。

けれども、私は自分自身の経験やクライアントさんとのセッションを通して一つ確信しているのは、**いろいろな知識やノウハウを学ぶ前に、まず「自分の中にある一貫性」を言葉として自覚する**ことが効果は大きいということです。

土台のしっかりしていない家が地震で大きく傾いてしまうように、しっかりとしたベースがあればこそ、仕事もプライベートも安定します。

## 保険販売で苦戦した社長が業績を改善したきっかけとは?

サラリーマン時代、営業成績で優秀だった方（以下「Aさん」）が独立されました。始めたのは、損害保険の代理店です。

私も起業してから保険業界出身の方と知り合う機会がありました。その人たちに共通しているのは、抜群の営業力。給料が歩合制で決まるために、いかにたくさんの契約を取るかについて独自の工夫を重ねている方がたくさんおられました。

Aさんも自慢の営業力を活かすべく保険業を始められたのですが、思ったほど売上につながらなかったのです。

Aさんも自分なりに努力を重ねているのに、なぜ売上が伸び悩んでいるのかが分からず、知りあいのコンサルタントに相談したところ、1つの仮説が生まれました。

「**商品の特性とAさんの特性が合っていない**のではないか？」

どういうことかと言うと、Aさんが販売している損害保険は、火事や事故などが起きたら保険がカバーするという、いわば「リスク回避型」という特徴を持っています。

一方、営業が得意な人に多いのは、「目標達成型」。つまり、半年で1億円の売上を達成しろという目標が決まると、その目標達成に向けて頑張るタイプが多いのです。

すると、Aさんが力を発揮できる成功パターンと売っている商品の特性が一致していないので、頑張っている割には思ったほど売上が伸びなかったのではないかと推測されたのです。

そこで、Aさんは販売している保険の種類を従来のリスク回避型の一般的な損害保険から、目標に向けて毎月積み立てていく保険に切り替えたところ、売上が急速に回復し、どんどん業績を伸ばされたのです。

お客様はちょっとした違和感を微妙に感じ取ります。Aさんが一生懸命に保険の内容を説明しても、Aさんの特性と商品との間にズレが生じていた可能性があります。そして、扱う商品を変えたことで、その違和感がなくなり、営業努力がよりストレートにお客様にも伝わるようになったと言えます。

このように、元々すごい実力を持っているにもかかわらず、**自分が力を発揮できる姿を自覚していないと、ちょっとしたすれ違いでその実力を発揮できない**ことがあります。それは本人にとっても、会社にとっても、そして、世の中にとっても、たいへんもったいないことです。

## 二代目社長が3年で売上を3億円増やすために最初の3ヵ月でやったこととは?

ある時、業歴30年になるクライアントさんから、「息子を鍛えて欲しい」というご依頼がありました。

その息子さん、たいへん優秀な方なのですが、社内では「冷たい人」という評価を受けていました。ある事業部の部長を任されて頑張っておられたのですが、「言っていることは正しいのだけれど、社員には厳しいんだよね」という評判だったのです。

このため、息子さんを後継者候補として考えておられた社長さんが「このままではちょっと心配だ」ということで、弊社にご相談があったのです。

結論から申し上げると、ご依頼を受けた時点では、その息子さんの事業部の売上は約2億円。それが3年後には5億円まで上昇。その実績が社内でも認められ、晴れて二代目社長に就任されました。

では、その息子さんは最初の3ヵ月で何に取り組んだのでしょうか。

弊社と一緒に取り組んだことは、まず**「ご本人がどのようなことに感情が動くのか」を掘り下げて、ご本人がもっとも力を発揮できる姿を言語化**することでした。

すると、社内で「冷たい人」と思われていた姿は、ご本人が力を上手く発揮できていない姿であることが分かったのです。

その後、第三章からご説明する「**心意気経営**」の流れに沿ってセッションを重ねたところ、息子さんは本来の実力を発揮して、事業部の売上アップを達成され、無事二代目社長に就任されたというわけです。

# 第3章

# 3 自分の感情に着目する

## 「感情⬇思考⬇行動」のプロセスに沿って考える

人は動物の中で唯一「感情」を持っていると言われています。けれども、多くの人は「感情」というとあまり良い印象を持っていません。かく言う私もその一人です。

子供の頃、父親が急に怒り出すことがありました。子供であっても、自分が何か悪いことをした際に叱られるのであれば、納得できます。けれども、こちらが何もしていないのに、急に怒鳴り出し、時には殴られることもあったのです。

子供からすれば、気分のまま、感情のおもむくままに怒られて、怖い思いをするので、私も「感情」を出すことは悪いことだとずっと感じていました。

けれども、「感情を表に出す」「感情的に切れる」「感情を顔に出す」「感情を爆発させる」というのは「感情の表現方法」にすぎません。

「感情」というのは、「嬉しい」「楽しい」「誇らしい」「悲しい」「寂しい」「腹立たしい」といったように感じている気持ちであり、それは良いも悪いもありません。（図4）

私の父親の場合で言えば、自分が「腹立たしい」という感情を持った時に、その表現方法が子供を怒鳴ったり、殴ったりすることにつながっていた訳です。

(図４）感情に良いも悪いもない

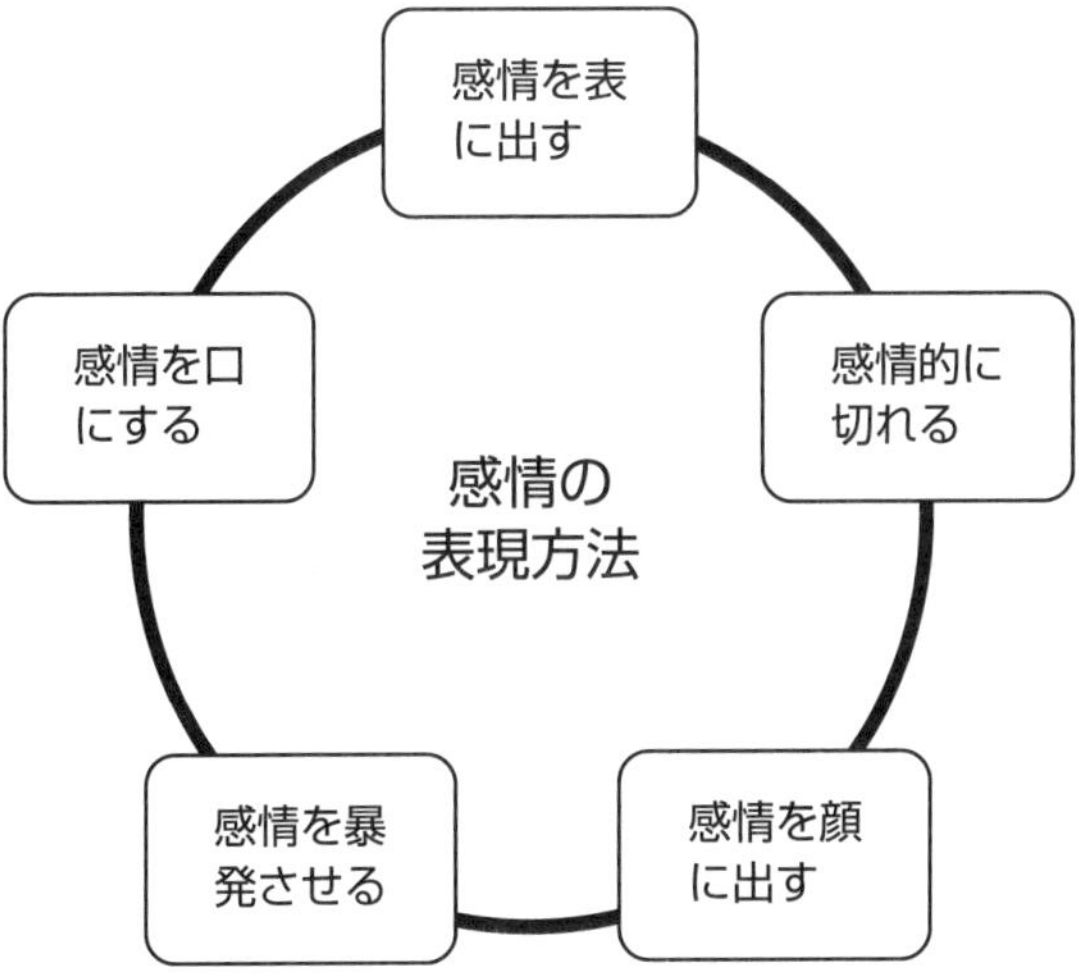


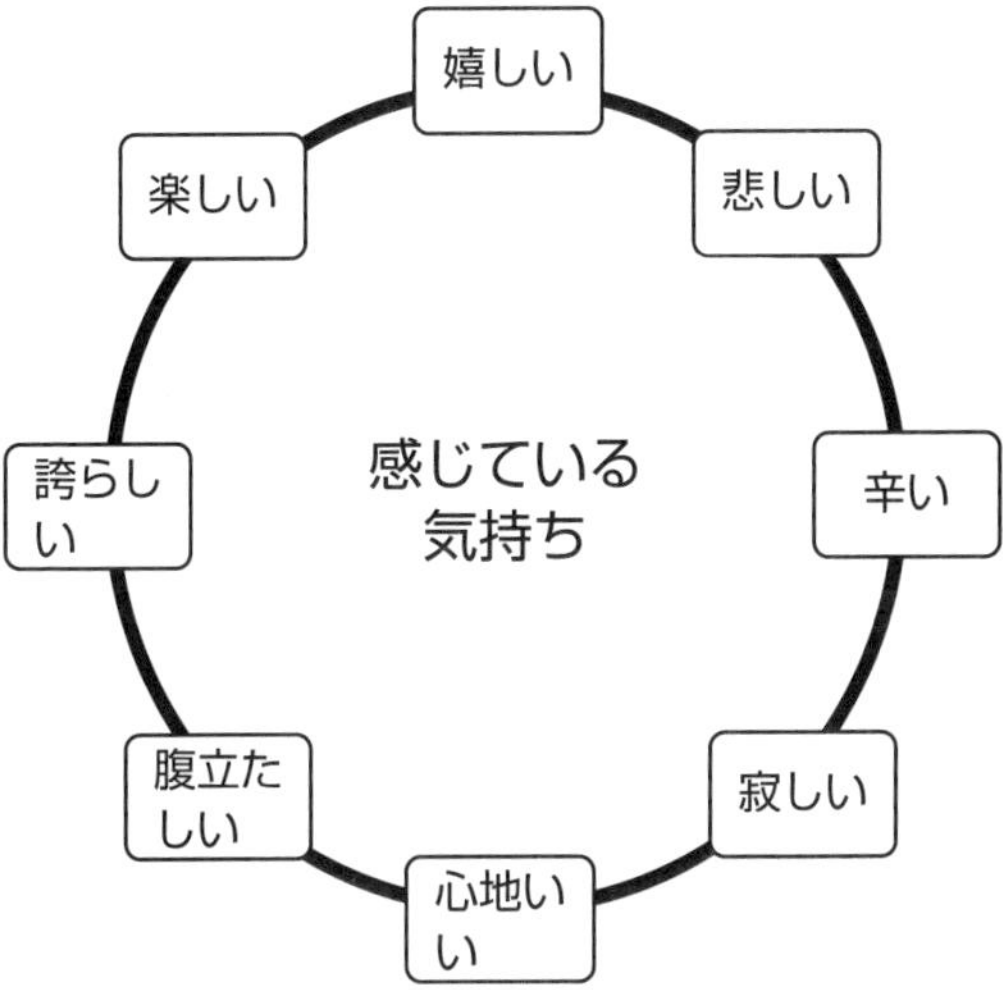

この点、「感情」の表現方法で嫌な思いをした経験があると、「感情とは悪いことだ」と考えて、「感情」をできるだけ抑えて、思考の力を使って、行動するようになります。つまり、感じることを無視して、頭で考えることを重視するのです。

しかしながら、これはビジネスの観点からみると、大きなリスクがあります。なぜなら、**人は何か商品を買う時に、本人が自覚しているか否かを問わず、必ず感情が動いているからです。**

いくら技術的に優れた商品であっても、「これ絶対に欲しい」という人もいれば、まったく関心を示さない人もいます。つまり、その人の心が何かしら動かない限り、価値のある商品であっても、売れない可能性があるのです。

「商品を買う」というプロセスで見れば、

商品を見て「いいなぁ」と感じる

⬅

価格も手頃だし、予算的にも買えると考える

⬅

商品を買う

です。

もちろん、「安いから買う」「必要だから買う」というケースもあります。けれども、普段はあまり自覚していなくても、そう考える理由の一歩奥には「いいなぁ」「素敵だなぁ」と心で感じている部分があるのです。

今の日本はモノが溢れています。このため、似たような商品や機能的にはあまり変わらない商品もたくさんあります。それゆえ、数ある競合商品の中で、**自社の商品を選んでもらうには、人の思考に働きかけるだけでは不十分で、何かしら人の感情に働きかける**ことが必要になっています。

その時、以前の私のように、感情に蓋をしているとどうなるでしょうか？

たとえ、優れた商品であっても、お客様の感情を動かすことがないので、なかなか商品が売れない恐れがあります。また、どうしても、機能や特徴で違いを出そうと努力するので、細部にこだわる割には、その違いがお客様に理解されないこともあります。すると、類似商品が多い中、価格競争に巻き込まれて、数は売れても、利益が残らないといった事態も生まれてきます。

もちろん、他人がどのような「感情」を持つのかを１００％理解することは不可能です。一方、自分自身に関して言えば、ある出来事に対して、どのような「感情」を抱いたのか、そして、どのように考えて、行動したのかを振り返ることができます。

すなわち、「**感情➡思考➡行動**」のプロセスに沿って、自分の過去の人生を振り返り、現在直面している事象に対する自分の言動を分析することはできます。感情に紐づいた自分の思考の癖が分かると、その時、「自分ならこう考えてしまう」という傾向が掴めます。そして、その癖が出た際、「自分はこのように行動する」ということがおおよそ想像できます。すると、いったん冷静になって、はたしてその行動で良いのかどうかを判断するきっかけになるのです。

このように自分の「感情➡思考➡行動」のプロセスが把握できてくると、自分以外の人の「感情➡思考➡行動」のプロセスについても、一定の仮説を立てることができます。

我々が事実として把握できるのは、あくまで「行動」の部分です。

営業で言えば、お客様が自社製品を買ってくれた、買ってくれなかったという「行動」だけは分かります。けれども、「なぜ買ってくれたのか（買ってくれなかったのか）」については、事実として正確に把握することは困難です。

仮にアンケート調査を行ったり、会話の中でその理由をさりげなくヒアリングしたりしても、相手が本音を話してくれるとは限りません。すると、その際、間違った理由に基づいて、販売戦略を練り直すと、さらに売上が減るというケースもあります。

この際、ポイントとなるのは、**「感情➡思考➡行動」のプロセスに沿って、考えてみる**ことです。論理的な帰結としての「思考➡行動」の部分については、従来からいろいろと行われています。

しかしながら、そこからさらに一歩深掘りして「感情➡思考」の部分にまで踏み込んで、仮説を立てて検証しているのは、まだまだ少数派です。

なぜなら、現代人は頭でっかちになっており、人の特徴である「感情」の部分はどうしても、意識の外にあるからです。

心意気経営では、最初に社長さんの「感情➡思考➡行動」のプロセスを掘り下げることを行います。なぜなら、社長ご自身も自分の「感情➡思考➡行動」のプロセスを自覚していることは少ないからです。

もちろん、「自分はこういう思考の癖がある」「こういう行動をすれば上手くいくが、こういう行動の場合は失敗することが多い」ということは皆さん自覚しておられます。けれども、その原因を自分の感情まで遡って紐づけできている人はほとんどいませんでした。そして、仮に自分では紐づけできていると考えていても、感情に蓋をしたまま紐づけしているので、間違った形で解釈していると、本来の力を発揮できていないことが多いのです。

## 感情をコントロールせずに受け止める

感情に良いも悪いもありません。もっと言えば、感情を表現する方法についても、良いも悪いもありません。ただ、自分の感情を表現する場合、時には人を傷つけたり、時には人に不快な思いをさせたりすることがあります。

したがって、世の中では、「自分の感情をコントロールしよう」といったことがよく言われます。特に怒りの感情をコントロールしないと、人間関係にも大きな影響を与えるので、アンガーマネジメントの大切さなどが盛んに強調されているのは、皆さんもよくご存知の通りです。

けれども、気をつけなければいけないのは、**感情をコントロールしようとすると、どうしても、感情に蓋をしてしまう**傾向になることです。上手く怒りの感情だけをコントロールできたら良いのですが、時には嬉しいといった喜びの感情や悲しい、寂しいといった気持ちもコントロールしようとすると、だんだんと人としての感性が鈍ってきます。

そこで、我々がクライアントさんにお伝えしているのは、「**感情をコントロールせずに受け止めましょう**」です。

つまり、腹立たしい、悲しい、寂しいといったように、よく負の感情と呼ばれるものも含めて、いったん受け止めることが大切です。

「コントロールする」となれば、負の感情を正の感情に変えるといった要素も含まれます。そうではなく、そもそも、感情に正も負もないのであれば、「今自分は腹立たしくて怒っている」「悲しいので、泣きたくなる」といった状況をそのまま受け止めるだけで良いということです。

その際、「なぜ、自分は腹が立つのか」「どうして、こんなに悲しいのか」という理由が自分の言葉で紐づけて捉えることができたら、そこでは理性が働きます。すると、思考の力を上手く活用することで、少なくとも、自分に悪影響を及ぼすような言動を避けることができます。

Ｂ社長は「自分は一人でいるのが好きだ」とおっしゃっていました。けれども、その方とお話ししていると、すごく社交的だし、皆といっしょにワイワイやるのがとてもお好きなように感じられました。

その後、セッションを重ねていく中で分かったのですが、その社長さんは幼い頃、ご両親が離婚され、母親に育てられました。今でこそシングルマザーは珍しくありませんが、当時は「どうしてウチだけ違うんだろう」と、すごく悩んだそうです。

学校のクラス名簿の保護者の欄に普通は父親の名前が書かれているのに、自分のところだけ母親の名前が書いてある。友達の家に遊びに行くと、お母さんがおやつを出してくれるのに、家に戻ると、自分はいつも一人ぼっち。このため、少年だったB社長は「自分のせいで両親が離婚してしまった」「自分なんて生まれてこなければよかった」と思うようになりました。

そして、その悲しい気持ち、寂しい気持ちをコントロールして、「自分は一人が好きだ」と思うことで、その後の人生を歩んでこられたのです。少年だったB社長は自分を傷つけない術として、感情に蓋をして思考の力を使ったと言えます。

けれども、それは本来持っている自分の感情とは違うので、どうしても無理が生じます。すると、その方の力を発揮する上で大きな壁になります。

我々とのセッションの中で、「本当は一人でいるのが嫌で寂しかったのだ」ということに気づいたB社長。その後は「一人でいるのは嫌いだ」と自覚されたことで、新規事業でも人を上手く巻き込んで、大きく売上を伸ばされました。

人は時には自分を守るために、自分の感情をコントロールしようとします。しかし、その場合、せっかく持っている自分の長所を殺してしまう恐れもあります。

微妙な差ではありますが、**感情はコントロールするのではなく、素直に受け止めることを**

**意識する**ことで、自分の能力をより発揮できるチャンスが広がります。

## ワクワクすることなら力を発揮できる

仕事であれ、遊びであれ、夢中になって取り組んでいる時は、時間が経つのを忘れます。一方で、「面倒くさいなぁ」「やる気が起きないなぁ」と感じる時は、何かを始めるまでに時間がかかるし、たとえやり始めても、時間が経つのを遅く感じます。

これを感情と紐づけると、「ワクワクしている⬇集中して行動する」「モヤモヤする⬇集中して行動できない」となります。

当然のことですが、集中して取り組んでいることであれば、何かしらの結果につながります。逆に余計な邪念が入って集中できない場合は、なかなか思うような結果につながりません。

つまり、「感情⬇思考⬇行動⬇結果」の流れに沿って考えてみれば

**ワクワクする⬇思っているような結果が出やすい**
**モヤモヤする⬇思っているような結果が出にくい**

ということになります。

行動の結果が自分以外の人にとって価値があるかどうかはここでは別問題です。少なくとも主観的に見て、より価値が高い結果と結びつきやすいのは、モヤモヤしている時よりは、ワクワクしている時であることは、感覚的にご納得いただけるのではないでしょうか。

私は「**ビジネスは確率論だ**」と考えています。すなわち、より成功する確率の高いことを選択することで、会社の事業も上手くいく可能性が高まるということです。

そして、中小企業の場合、社長の影響力がとても大きいので、**社長がワクワクしながら仕事に取り組める環境を整える**ことが、会社の業績を伸ばすためにたいへん重要となります。

一方で、多くの場合、社長ご自身がなんとなくは「ワクワクしているなぁ」「モヤモヤするなぁ」とは感じていても、「自分は○○の時にワクワクする「××だとモヤモヤする」といったように、明確には自覚できていません。

私の場合、自然体で自分の思った通りに自由に仕事ができる場合はワクワクします。けれども、他から強要され、「この通りにやれ」と答えを相手が持っているような仕事の場合には、モヤモヤします。そして、今は「なぜ自然体の時にワクワクし、強要の時にはモヤモヤするのか」について、自分の過去の経験を踏まえて自覚しています。

すると、何か新しい仕事に取り組む際に、「これは自分が力を発揮できる仕事だ」「この仕事は気が進まない内容だ」というのが、その理由と一緒に把握できています。

この場合、自分が力を発揮できる仕事であれば、淡々とやればＯＫですし、気が進まずに本来の力を発揮できなさそうなら、「でも、売上に寄与するから1回だけ頑張ってやろう」と割り切って対応することもあれば、「新しい挑戦になるので、思い切って取り組もう」という結論を出すこともあります。そして、もちろん、仕事の優先順位を考えて、「やはりお断りする」となることもあります。

いずれにせよ、仕事で一番問題となるのは、中途半端な姿勢で取り組むことです。この場合、本人も嫌々やっているので、面白くないし、仕事を発注した側にとっても、本来力を発揮しづらい状況の人に依頼しているので、その結果に満足しません。

したがって、仕事で自分の望む結果を手に入れたいのであれば、

**自分はどのようなことにワクワクするのか**

**自分はどのようなことにモヤモヤするのか**

**について、**言語**化して**自**覚する**ことが出発点になります。

そして、ワクワクすることなら、そのまま思い切ってやれば、本来の実力を発揮できるし、モヤモヤすることなら、思考の力を使って冷静に判断し、やらない、割り切ってやる、を決めれば良いのです。

社長の思考が止まっている、結果として行動も止まっているという場合、たいていはこのモヤモヤの部分で引っかかって悩んでいます。その際、私のような外部の人を使ってその悩みを解消される方もおられます。

けれども、理想としては、たとえ一瞬悩むことがあっても、自力でその悩みを解消して、本来持っている能力をフルに発揮することです。そのために、我々がお勧めしているのは、

**自分がワクワクする要因を言葉として自覚する**

＋

**自分がモヤモヤする要因も言葉として自覚する**

⬅

**自分が最も力を発揮できる姿をセルフ・メンターとして、そこから悩んでいる自分を俯瞰してみる**

（図５）

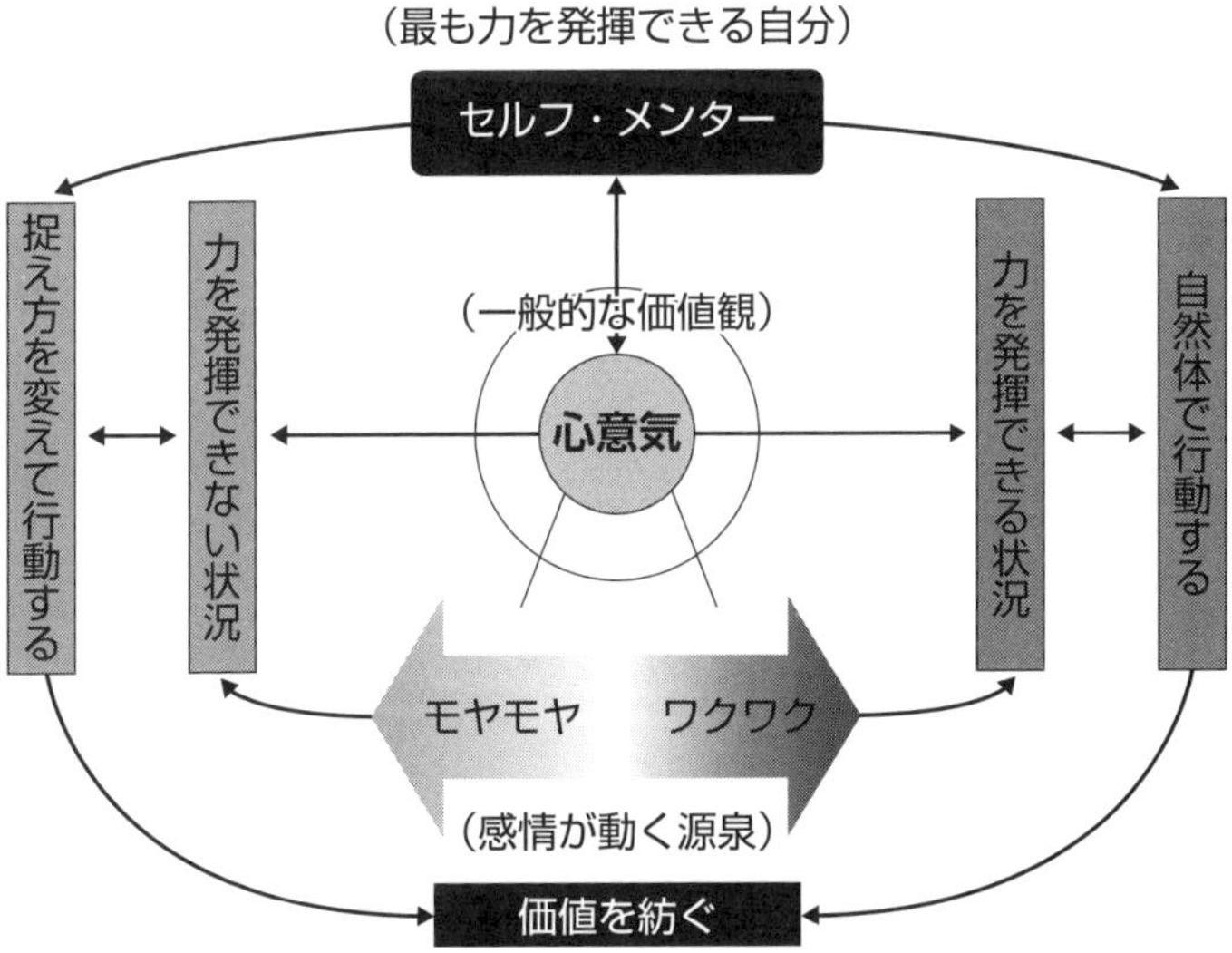


というやり方です。（図５）

悩んでいる時は、絶対にワクワクしていません。そして、別に悩むことが悪い訳ではありません。社長として問題になるのは、「ああでもない」「こうでもない」と悩み続けた結果、行動が止まって、貴重な時間を浪費してしまうことです。

悩む時間をできるだけ少なくするには、自分の感情に素直にアプローチして、モヤモヤしている要因を腹落ちすること。その要因さえ特定できたなら、賢明な社長さんであれば、必ず自分が力を発揮できる姿に立ち返って、問題解決に向けて邁進できます。

# 第4章

# 4 心意気を発見する

## 変わる価値観の深層に変わらない価値観がある

「三つ子の魂百まで」と言われますが、子供の頃の性格や特徴は大人になっても、それほど変わらなかったりします。一方で、「この人と会って価値観が変わった」「病気をして価値観が一変した」というように、知識や経験によって、変わっていくものがあります。

そこで、我々は「価値観」には変わる価値観と変わらない価値観があり、後者の変わらない価値観を「**心意気**」と呼んでいます。言い換えれば、心意気とは「**感情と紐づいた、その人を突き動かす原動力**」です。（図6）

どのようなことに興味を持ち、どんなことに感動するかは人によって違います。同じ家庭で育った兄弟や姉妹でも、「自分はよく覚えている出来事なのに、姉や弟はまったく覚えていない」といったことがあります。

記憶は感情に紐づいて定着するので、大きく感情が動いた時は幼い頃のことでもよく覚えているのに、ほとんど感情が動かなかったので、記憶から抜け落ちているということがあります。

あるグループセッションをやっている時、一人の方が子供の頃、「間違って救急車を呼

（図６）「心意気」とは一般的な価値観の深層にあり、感情と紐づいて、その人を突き動かす原動力のこと

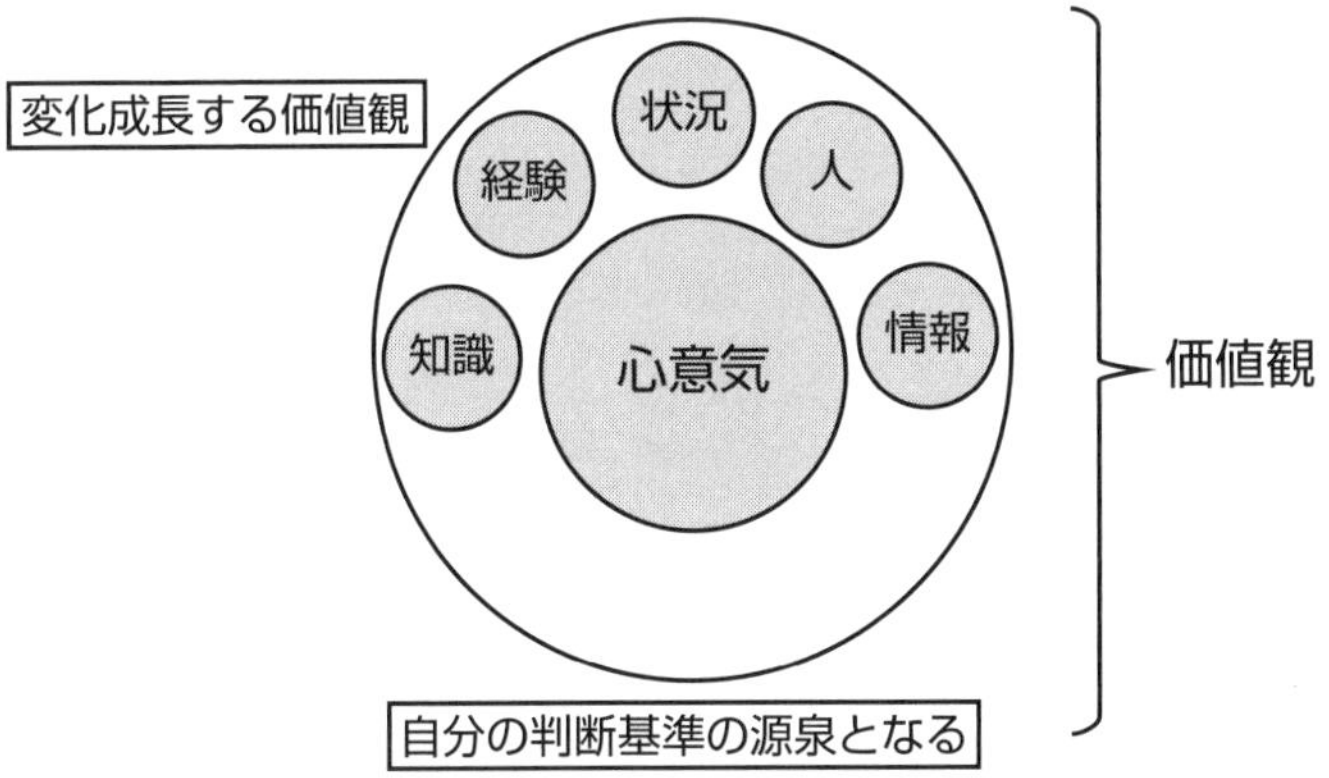


んでしまい、大騒ぎになった」という話をされました。その方は、この出来事をきっかけにとても慎重に行動する大人になりました。

そして、その話を聞いた別の方が、「そう言えば私も」と言って、子供の頃に間違ってパトカーを呼んでしまったというエピソードを披露されました。

救急車とパトカーという違いはあっても、状況としてよく似ています。けれども、ある人はそのことで感情が大きく動き、慎重な人になったのに対して、別の人はその出来事をすっかり忘れていたのです。そして、後者の人はどちらかと言えば、大胆に活動するタイプの人です。

このように、どのような出来事や経験が人に大きな影響を与えるかは分かりません。

これを、前述の「感情⬇思考⬇行動」のプロセスに沿って考えてみると、

間違って電話をして、救急車が来てたいへんなことになった（出来事）

⬇

「あぁまずい、どうしよう」（感情）

⬇

「こんな思いは絶対にしたくない」「もう二度とやってはいけない」「間違えるとたいへんなことになる」（思考）

⬇

しばらく電話はかけられない（行動）

となります。

その結果、その人は慎重に物事を考えるようになったのですが、これは良いか悪いかではありません。リスクの大きい事業に関しては慎重に精査することが求められます。一方で、あまり慎重になりすぎると、せっかくのビジネスチャンスを逃してしまう恐れもあります。

要はその慎重さをどのようにビジネスに活かすかです。

人はなんとなく自分の価値観や性格を把握しています。けれども、その**価値観や性格を「感情➡思考➡行動」のプロセスに沿って自覚**している人はあまり多くはありません。

その際、変わらない価値観として「物事は慎重に考えた方が良い」と自覚した際、「あの出来事が一つのきっかけになったのだ」と分かっている場合と、「なんとなく昔からそうだったから」という形で把握しているケースとでは、柔軟性や応用力の点で大きな違いが生まれます。

なぜなら、**理由が分かっていれば、人は思考の力を使って物事の捉え方を変えることができる**からです。そして、自分を突き動かす原動力となる「心意気」を自分の「感情➡思考➡行動」のプロセスに沿って自覚していると、変わる価値観の領域が広がるので、人としての大きさにも影響を与えます。

逆説的になりますが、**大きく変化・成長したいのであれば、自分の中に変わらないものを持つ**ことが大切です。その変わらない、変化しないものがあることで、自分の中に、常にそこに立ち返ってみるという原点ができます。

変わる価値観の深層にある変わらない価値観としての「心意気」。それがその人の原点であり、いつでも戻れる安心の場所になります。

## 価値判断の基準を言語化する

社長は日々いろいろな判断をしています。

「やる、やらない」「続ける、止める」「改善する、改善しない」

そして、その時の判断基準は「儲かるか、儲からないか」であったり、「お客様のためになるのか、ならないのか」「好きか、嫌いか」「やりたいか、やりたくないか」であったりします。

会社経営であれば、単純に「儲かるか、儲からないか」で判断して、行動できれば楽です。けれども、実際には、あまり儲からないけれど、やらざるを得ないという仕事もあります。また、本当であれば、やりたくないけれど、会社の資金繰りを回していくためにはやらなければならないことも、時にはあるかと思います。

その際、社長が自覚しておいた方が良いのは、**自分の思考の癖**です。

「これは儲かりそうだ」と思って始めた事業が期待していたほど儲からなかったというご経験は長年社長を続けていると、一つや二つはあるかと思います。

この場合、要因として、売上見込みに関する見通しが甘かったということがあります。

そして、その見通しの甘さを一歩踏み込んで分析してみると、

情報の量の問題

情報の質の問題

情報をベースにした判断基準の問題

が挙げられます。

このうち、情報の量や質の問題は過去の経験を踏まえて、適切かつ質の良い情報を集めることで改善を図ることができます。けれども、その情報をベースに最終的に判断するのは、あくまで人です。

したがって、いくら質の良い情報を一定量集めることに成功したとしても、**判断基準が曖昧だったり、その場限りのものであったりすると、自分が望むような結果を手にすることができません。**

社長であれば、「会社の売上アップにつながります」「銀行から簡単にお金が借りられます」「社員が自立的に行動します」といったメールや記事を目にすると、「どういう方法なのだろうか？」と興味を持たれるかと思います。

その中には「まさに、自分が悩んでいる問題を解決する方法はこれだ！」という情報に

接することもあります。

しかしながら、「これで問題解決できる」と思った方法でも、実際にやってみると、問題解決につながらなかったというご経験はあるでしょうか?

私は何回もあります（笑）。

メールボックスには毎日大量のメールが届きます。その際、ついつい開けてしまうメールと読まずにゴミ箱行きになるメールがあります。

私もいろいろと痛い目にもあったので、最近は送信元とタイトルを見て「これは読む価値なし」というすぐにゴミ箱行きになるメールが増えました。けれども、起業当初は「集客力アップ」「簡単に売上3倍に」といったメールは気になって必ず読んでいました。

現在は情報が溢れかえっています。前にも書きましたが、一説によると、一人の人間が1日に接する情報量は江戸時代の日本人が一生かかって触れる情報量にも匹敵すると言われています。

このため、自分の価値判断の基準をしっかりと持っていないと、情報の渦に巻き込まれて質の良い情報を見極めることができません。すると、本来やらなくてよいことを一生懸命取り組んだり、本当はやらなければならないことを後回しにしたり、する恐れがあります。

　そこで、我々は、**感情と紐づける形で社長さんの価値判断の基準を言語化する**ことを推奨しています。

「感情➡思考➡行動」のプロセスに沿って考えれば、価値判断の基準は感情と思考の中間に位置します。つまり、「感情➡価値判断の基準➡思考➡行動」です。普通はあまり感情まで深掘りして捉えません。このため、本人もあまりしないまま、同じような出来事に対して、同じように思考し、似たような結果を招いているケースが多いのです。

　もちろん、人は経験から多くのことを学びます。株式投資で失敗したら、「もう株を止めよう」と考えます。一方で、人は「忘れる」という特技を持っています。

　株式投資で大損しても、一時期儲かった時の記憶に引きずられて、また株式投資を始める人もいます。また、「株式投資はダメだ」と考えて止めたとしても、新たにＦＸ投資を始める人もいます。

　つまり、人は経験から学べるけれど、その学びをどう活かすのか、一人ひとり違うというわけです。

　この点、自分の価値判断の基準として「効率的に儲けたい」ということがあれば、株式投資で失敗しても、不動産投資に手を出す可能性があります。また、知人から「これ簡単に儲かるらしいよ」という話があった時に、ついついその話にのってしまうこともあります。

これは「効率的に儲けたい」という価値判断の基準が悪いということではありません。会社を経営する場合、社長であれば「どうすれば、効率的に利益を上げられるのか？」を常に考えることは絶対に必要なことです。一方で、効率性を重要視することは、一面として「安易に」「楽に」「手間をかけずに」という側面があるので、下手をすると、必要な努力を惜しんでしまうことにもなります。

**物事には必ず両面があります。**陰と陽、光と影、表と裏。そして、これらは常にワンセットなので、両者を一体として捉える必要があります。

もし、自分の価値判断の基準として、「効率性」に重きを置くなら

なぜ、「効率性」が大切なのか

「効率性」を基準にすることで何を得たいのか

「効率性」をベースに判断することで気をつけた方が良いことは何か

を自分の心意気と紐づけて、言葉として自覚することがポイントになります。

私も「効率性」をかなり重視しています。このため、ダラダラと時間ばかりかかって、何も決めない、何も決まらない会議に参加するとイライラします。

これを私の心意気と紐づけて解釈すると

効率の悪い会議は時間の無駄である

⬇

私の大切な時間を奪う「強要」である

⬇

子供の頃にやりたくないことを「強要」されるのが嫌だった

となります。

同じ「効率性」を重要視する人でも、その理由は一人ひとり違います。私の場合は好きでもないことに時間を取られるのが、自分に対する「強要」になるので、嫌だという感じです。

このため、「不動産投資は効率的に儲かりますよ」と言われても、不動産投資にはあまり興味はありません。

チャリン、チャリンと毎月安定的に収入が入る形としてのビジネスモデルには興味があります。けれども、右から左へと物件を動かすだけで、お金が儲かるというビジネスモデルはたしかに効率的ではあるけれど、内心では「それって、どうよ」と思っている側面があります。（ただ、この部分は私が不動産投資の本質的な価値を知らないことからくる偏見かもしれません。）

このように、単純に自分の価値判断の基準を知るのではなく、自分の**「感情⬇思考⬇行動」のプロセスに沿って、心意気と紐づけて捉える**ことで、いろいろと応用範囲が広がります。

## 未来も過去も変えられる

一般的に言われているのは、「未来は変えられるけれど、過去は変えられない」です。実際、タイムマシーンに乗って過去に戻ってやり直さない限り、過去にやったことを変えることはできません。

たしかに、過去に起きた出来事をなかったことにしたり、やらなかったことを過去に遡ってやり直したり、ということはできません。過去の事実を変えることはできないのです。

けれども、**過去の事実の捉え方を変える**ことはできます。

私は出来事それ自体に意味があるとは考えていません。その出来事をどのように解釈するかは人それぞれ。同じ出来事に対しても、意見が異なるのはある意味自然です。

先ほど、出来事それ自体に意味はないと申し上げましたが、より正確に表現すると、**「出来事には無数の意味があり、唯一無二の絶対的な意味はない」**ということです。

会社経営を続けていると、「あの時、こうしておけばよかった」「あの判断は間違っていた」と後悔することがあります。

その際、成長を続ける社長さんは「あの失敗には意味があった」と前向きに捉えて、いつまでも過去の事実に固執しません。一方、「あの失敗はアイツのせいだ」とか、「あの時の判断は社員があげてきた情報が間違っていたからだ」と他責になって、いつまでも、過去の事実に固執する人もいます。

かのローマの皇帝カエサルは「人は見たいと思ったことしか見ない」と言ったそうですが、事実は一つでもその人にとっての真実は人の数だけあります。

このように考えると

**過去の事実は変えられないが、その捉え方は変えられる**

**⬅**

**過去の事実の捉え方を変えることで未来を変えることができる**

**⬅過去も未来も変えることができる**

となります。

あるクライアントさんは、自分は母親から嫌われていると感じておられました。けれども、我々とのセッションを進めていく中で、「実は嫌われていたのではなく、母親なりの愛情表現だった」ことに気づきました。すると、長年ちょっと距離を置いていた母親との距離が縮まり、仕事にもより集中できるようになりました。

つまり

母親の行動に対する捉え方を変えた

⬅自分は嫌われていたのではなく、認められていたことに気づいた

⬅従来よりも自信を持って仕事に取り組めるようになった

というわけです。

私も起業した際、前職の会社で資金繰りが悪化し、社長とも意見が合わなくなったのをきっかけに、勢いのまま独立しました。このため、「起業して○○をやりたい」という明確な目的や目標を持って会社を作ったのではないことが、長年コンプレックスになっていました。

けれども、後に自分の心意気を自覚して、「遅かれ早かれ自分が起業するのは必然だった」「前職の資金繰り悪化は一つのきっかけにすぎない」ということが分かり、とても腹落ちしました。

私のケースで言えば、

「強要」されるのが嫌なので、サラリーマンとして働く限り、いつかは壁にぶつかるのは必然だった

⬅

前職の資金繰り悪化が起業のきっかけになったのは事実だが、それは要素の一つに過ぎないと分かった

⬅

勢いのまま起業したことにコンプレックスを抱く必要はないと分かった

という感じです。

このため、仕事では経営理念の大切さをお伝えしていますが、起業当初や初期の段階においては、そこに固執することはお勧めしていません。下手に経営理念にこだわって、中味のない美辞麗句を並べても意味がないからです。

**最初は経営理念などなくても大丈夫**です。仕事を続けているうちに、自分の心意気を自覚して、「本当に自分がやりたいことはこれだ」と分かった段階で、しっかりと言葉にすることで、はじめて価値のある経営理念になります。

第5章

# 5 コア・バリューを決める

## マーケティングの落とし穴に注意する

私は勢いのまま起業したので、いわゆるマーケティングに関しては、起業してから学びました。そして、マーケティングの基本として、どの先生もおっしゃっておられるのが

**自分のやりたいこと**
**自分のできること**
**ニーズがあること**

の重なる部分を事業にしましょうということです。

私の場合、前職で会社の資金繰りが回らなくなり、事実上の倒産にまで追い込まれたという苦い経験があります。

このため、

自分のやりたいこと＝資金繰りで回らなくなる会社をなくしたいです。

　また、最初は銀行員として社会人生活をスタートし、個人事業主から大企業まで様々なお取引先にお金を貸してきたという経験があります。このため、

　自分のできること＝資金繰りを回すためのノウハウ

です。

　そして、多くの中小企業では資金調達など、どのようにして資金繰りを回すのかについて、社長は日々頭を悩ませています。

　つまり、

　ニーズのあること＝中小企業で資金繰りを回すこと

です。

　つまり、私の場合、中小企業の資金繰り対策を行うことは、前述の

　自分のやりたいこと
　自分のできること
　ニーズがあること

の重なる部分となり、マーケティングの観点からは理想の仕事になるわけです。

そこで、私は起業当初は中小企業の資金繰り対策をメインに仕事を始めました。けれども、やがて「なんとなくこれで良いのかなぁ」と疑問を抱くようになったのです。

「資金繰り対策」を前面に打ち出すと、当然のことながら、資金繰りに困っている会社が相談に来られます。

銀行から融資を受けたいが、どのように準備すれば良いのか分からない
来月末には資金がショートしそうなので、それまでに何とかしたい
毎月の銀行借入の負担が大きく、自転車操業を続けている

お悩みの種類は様々です。けれども、共通しているのは、資金繰りに困っていることです。

しかしながら、実は資金繰り対策といっても、やれることは限られています。今月末の資金繰りが厳しいといったように、状況が逼迫している時は、現状を正確に把握した上で

支払いを止められるものは止める
売掛金等で前倒しできるものは交渉して早めに払ってもらう

上場企業の株式など換金性の高い資産を売却してお金を増やす
銀行に追加融資を依頼する

といったように、誰がやっても同じような方法しか選択肢がないのが普通です。

すると、だんだんと面白くなくなり、「これって、本当に自分がやりたいことなのだろうか」という思いが強くなってきたのです。

もちろん、中には事業再生等、中小企業の資金繰り対策に使命感を持って仕事をしている専門家の方々もたくさんおられます。そして、自分と熱心に事業再生に取り組んでいる方々を比較するようになり、「お客様は私に相談するよりも、他の先生に相談して対応してもらった方が良いのでは？」という気持ちになってきました。

つまり、私の場合、マーケティングの基本に沿って

自分のやりたいこと
自分のできること
ニーズがあること

の重なる部分で仕事を始めたのに、大きな壁にぶつかってしまったのです。

このような私の実体験を踏まえて、周囲の起業した人たちをよく観察してみると、大きく分けて

**マーケティングの基本通りにやって、上手くいっている人**
**マーケティングの基本通りにやっているのに、上手くいっていない人**

の2種類の人がいることが分かってきました。

当初はなぜこのような違いが出るのかがよく分かりませんでした。けれども、心意気を意識するようになってから、その理由が明確になったのです。

簡単に申し上げると、

**自分の心意気を自覚している人：マーケティングの基本通りに仕事を選択すれば上手くいく**
**自分の心意気を自覚していない人：マーケティングの基本に沿って仕事を選んでも、上手くいかない**

ということです。

## 2ステップで考えて市場を選定する

マーケティングの基本通りにやってもうまくいかないことがあるのには、２つの要因があります。

１つは「自分のやりたいこと」の掘り下げが浅いこと。そして、もう１つは、マーケティングの基本が持っている構造的な問題です。

まず、最初の**「自分のやりたいこと」の掘り下げが浅い**件ですが、それは、「自分のできること」との比較で考えると、分かりやすいです。

「自分のできること」は誰でも客観的な事実として把握することができます。

法人向けの営業を長年やってきた
入社以来ずっと経理業務に携わっている
メーカーでものづくりの現場にいた

過去の経験や実績を基に、自分のできることは自ら棚卸しすることはできます。その「できる」という基準は人によって違うので、「自分は法人営業ができる」と認識していても、他者から見た際、「そのレベルだとできるには入らない」と評価されることはあります。

けれども、一度でもやったことのある仕事を自分のできることと解釈すれば、誰でも、「自分のできること」を事実としてあげることは可能です。

では、「自分のやりたいこと」はどうでしょうか？

「自分は資金繰りで困っている人を助けたい」

「この商品を普及させることで世の中をもっとよくしたい」

「お金をたくさん儲けて、豊かな生活がしたい」

人は誰しも「やりたいこと」を持っています。そして、誰かから「あなたのやりたいことは何ですか？」と質問されたら、「私は◯◯がやりたいです」と何かしらの回答を行うはずです。

問題はその**やりたいことが自分の心意気と繫がって、本当にやりたいことなのかどうか。**

心の奥底では、単に「できるだけお金を儲けて、趣味に時間を使いたい」と思っていても、それをそのまま口に出すのはなんとなく気が引けます。そして、「自社製品を通して、お客様の笑顔を増やしたいです」といった耳障りのいい言葉を並べることがあります。

人の心の奥底までは他人は分かりません。それゆえ、「お客様の笑顔を増やしたい」というのは嘘ではなかったとしても、本来の心意気とは違う要素が一人歩きする恐れがあります。

この点、起業塾などでは、たいてい「自分のやりたいこと」を棚卸しする時間があります。けれども、そこにはあまり時間をかけないのが普通です。

すると、深掘りしないまま、なんとなく思いついた「自分のやりたいこと」をベースにして、どのような事業に取り組むかを決めて行ったりするのです。

私の場合は、前述のように勤務先の資金繰り悪化に伴い、勢いのまま起業しました。このため、「自分のやりたいこと」を明確に意識して、仕事を始めたわけではありません。けれども、起業した経緯が経緯だけに、「資金繰りに困らない会社を増やしたい」という思いはありました。

したがって、自分がやりたいと思ったことは、嘘ではなく、自分でも「そうだなぁ」と思っていたことです。けれども、後に自分の心意気を自覚するようになって、初めて分かったのですが、「資金繰りに困らない会社を増やしたい」は自分のやりたいことの要素の

1つであって、すべてを網羅している訳ではないということです。

例えば、「飲食店をやりたい」という人と「ラーメン店をやりたい」という人がいたとします。

この「飲食店をやりたい」人の中には、選択肢の一つとして「ラーメン店をやりたい」と考えている人もいます。

一方で、「ラーメン店をやりたい」人の中にも、フランス料理店やイタリア料理店ではなく、「やりたいのはラーメン店」という人もいれば、まぁ手軽そうだから、「ラーメン店をやりたい」と考えている人も含まれます。

この時、

飲食店をやりたいが、お手軽そうなのでまずはラーメン店でもやるか

自分はラーメン道を極めたいので、何がなんでもラーメン店をやる

という二人がいた場合、どちらの人がラーメン店経営で成功するでしょうか。

もちろん、会社経営においては心意気だけではどうにもならない部分があります。けれども、経験も知識もほぼ同じであれば、

何がなんでもラーメン店をやりたい人の成功確率

＜

お手軽そうなので、ラーメン店でもやるかという人の成功確率

です。

世の中には自分だけが世界で唯一無二の商品を売っているということはまずありません。このため、知識や経験に大差がなければ、**いい加減に取り組んでいる人は、より本気で取り組んでいる人には絶対かないません。**

なぜなら、本気の人は壁にぶつかった時に、「どうやったらその壁を乗り越えられるか」と考えますが、そこまで本気でない人は「上手くいかないなら、他のことをやろう」と考えがちだからです。

したがって、自分のやりたいことの深掘りが浅く、本当にやりたいことの要素の一つをやりたいことと考えて、事業展開する場合、壁にぶつかった時に大きく軌道修正を強いられることになります。

そして、**マーケティングの基本が構造的に持っている問題。**それは、「自分のできること」と「自分がやりたいこと」は自分だけで完結できるのに対して、**「ニーズがあること」**

（図7）マーケティングの落とし穴

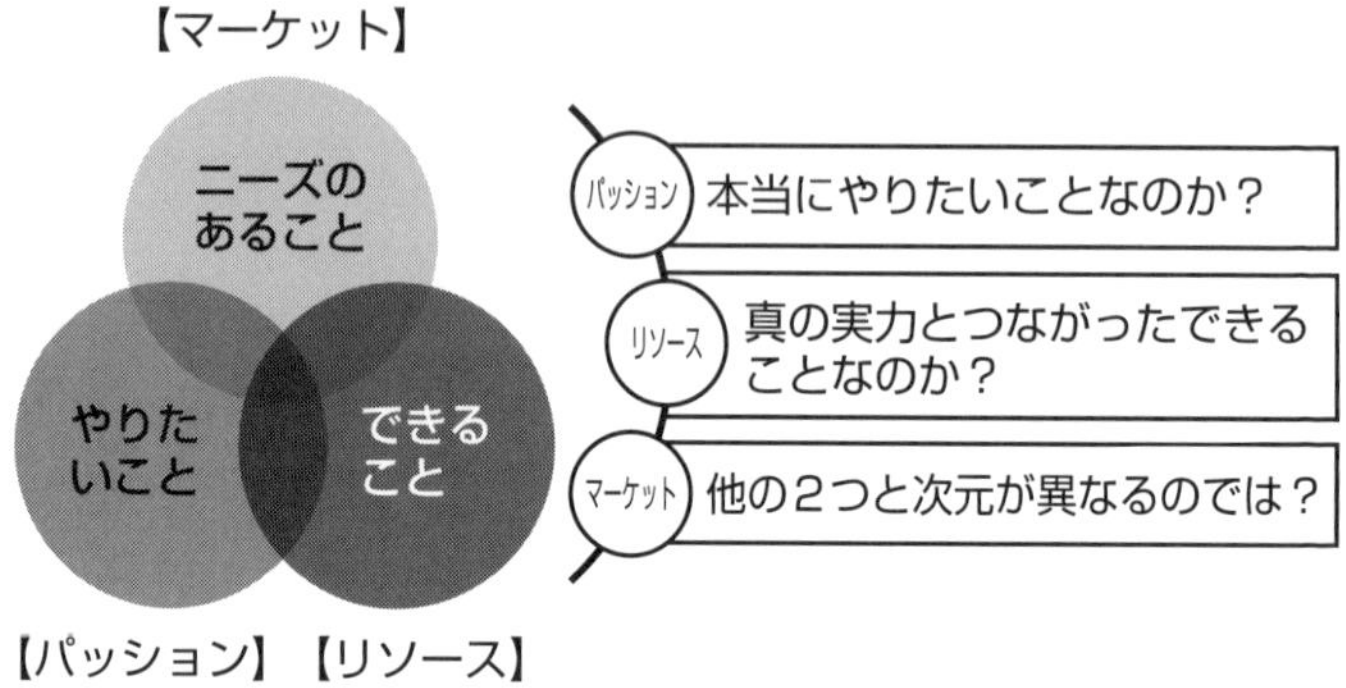


**は自分だけでは完結できない**ことです。

つまり、次元の違うことを一緒にして解答を見つけようとしているため、構造的に難しい問題が発生しやすいのです。

市場に答があると言われるように、売れるかどうかは市場に出してみないと分かりません。「今は◯◯が売れているから」「今後は××が流行りそうだから」といって、その市場に参入しても、自社の商品が売れるとは限りません。

したがって、「自分のできること」を棚卸しして、「自分のやりたいこと」を深く洞察できたとしても、自分以外の次元に存在する市場のニーズをピンポイントで見つけることは必ずしも簡単にはいかないのです。（図7）

そして、気をつけたいのは、**人はどうしてもニーズに引きずられる**ことです。会社経営も、やはり商

（図８）マーケティングは２ステップで考える

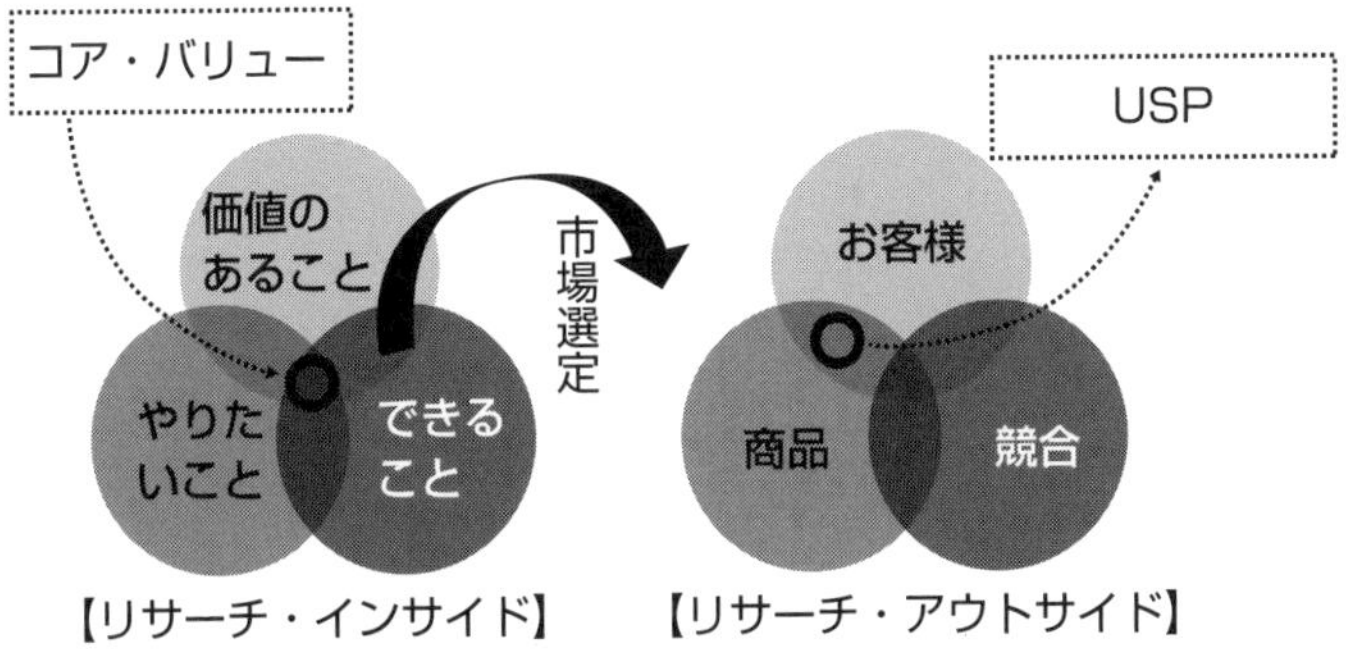


品が売れてなんぼの世界。このため、どうしてもニーズがありそうだ、売れそうだという情報に注目が行きがちです。

けれども、昨今のように市場のニーズが細分化し、その変化も激しい時代にあっては、先月までは売れたものが今月に入るとさっぱり売れないということが起こります。その際、あまりにもニーズに引きずられてしまうと、商品の販売戦略や開発計画もコロコロ変わって、忙しく動き回っている割には全然売上や利益につながらないという事態を招く恐れがあるのです。

そこで、弊社では、参入する市場や販売する商品を決める際、マーケティングの基本から一歩進めて、２ステップで考えることをお勧めしています。（図８）

その２ステップとは、

**「自分のできること」「自分のやりたいこと」「自分は価値があると信じていること」の3つの輪が重なる部分を定義する（リサーチ・インサイド）**

⬅

**その価値が一番発揮できる市場はどこかを選定する（リサーチ・アウトサイド）**

です。

ステップ1の「自分のできること」「自分のやりたいこと」「自分は価値があると信じていること」の3つの輪が重なる部分を**「コア・バリュー」**と呼んでいます。

つまり、表現を変えると、

コア・バリューを見つける

⬅

コア・バリューがもっとも効果を発揮する市場を選定する

です。

この2ステップの良い所はコア・バリューを見つける段階では、すべて自分の次元で考えることができるという点です。すなわち、次元の違う市場という要素をいったん脇に置いています。

そして、コア・バリューが腹落ちした段階で、次に次元の違う市場を考えるという流れになります。

このように、コア・バリューを明確にすることで、次元の違う市場に必要以上に振り回されるというリスクを回避することができます。そして、自分が提供できる価値を言葉として定義した後で市場を選定するので、よりきめ細かい形で市場のニーズにアプローチすることが可能になるのです。

もちろん、コア・バリューが力を発揮できる市場が必ずしも大きいとは限りません。その際は、もっとも力を発揮できる市場ではなく、ベストではないが、もう少しニーズの大きい市場を狙うという戦略もありです。

その際、コア・バリューというベースになるものがあるので、マーケティングの基本の通りに考えて、参入する市場を選定するよりも、ブレ幅は確実に小さくなります。

また、コア・バリューを見つけるには、「自分のやりたいこと」を深く掘り下げることが自然と求められます、なぜなら、「自分のやりたいこと」であっても、それが他者からみて価値がないと評価されるものであれば、それはビジネスではなく、趣味の世界になるからです。

**自分が本当にやりたいことであって、それを自分は価値があると信じている**ことがまずは前提となります。そして、その仕事が自分も経験があって、できることならベストですが、仮に**自分ができなくても大丈夫**です。

例えば、ある商品を自分は価値があると信じて、自分はそれを売りたいと考えていたとします。そして、もし、その商品を自らメーカーとして作ることができなかったとしても、商品を仕入れて売る、メーカーに製造委託して販売するといった方法で事業を行うことは可能です。

従来のマーケティングの基本に沿ったやり方だと、傾向的に「自分のできること」から考えがちです。そして、真面目な人ほど、「まずはそれを自分ができるようになってから」と考えがちです。

けれども、このような思考法は、VUCAの時代と言われているように、変化の激しい時代には不向きです。なぜなら、頑張って努力して自分ができるようになった時には、そのニーズは既になくなっている可能性があるからです。

そうであれば、自分の心意気をベースに価値があることを見つけ、それを手元のあるリソースを基にどうやって広めていくかを考えた方が自分の望む結果をより早く手に入れることができます。

## 自分が感動したものでこそ人の心も動かせる

「感情➡思考➡行動」のプロセスに沿って、人が商品を買うという行動を考えてみます。

その商品を買うには、理由があります。

前から使っている
たいへん便利である
デザインが格好良い
皆が買っている
値段が安い　etc.

これらはすべて思考に相当する部分です。

ここから一歩踏み込んで、いろんな商品がある中で、「なぜ、商品を買うのか」を深掘りしていくと、思考だけでは説明のつかない要素が出てきます。

単に商品の価格だけで判断する人なら、似たような商品がある場合、より価格の安いものを買います。

けれども、そのような人でも、日用品であれば、価格の安い商品を選ぶのに、自分の趣味に関係する商品であれば、価格が高くても買ってしまうことがあります。

このように人は論理的な考え方や理屈だけでは説明のつかない行動をすることがよくあります。そして、この部分の判断基準は自分の感情と紐づいていることが多いのです。

大企業と違って中小企業の場合は、薄利多売を続けて行くことは体力的にも困難です。大量の広告費を使って、一気に認知度を高めて、大量に販売するという戦略はなかなか取れないのが普通です。このため、いかにして適正な価格を維持しながら、商品を販売するかがポイントになります。

その際、鍵を握っているのが、**「自分はその商品で心を動かされているのか?」**です。言い換えると、**「その商品に対して、どのくらいの熱量を持っているのか?」**

機能面でさほど変わらない商品を値段の安さ以外で販売しようとした際、商品にかける思いであったり、商品へのこだわりであったり、商品に対する愛着であったりで、伝わるものが違ってきます。

もちろん、いくら作り手が熱い思いで商品を作っていても、それがすべての人に伝わるわけではありません。時には、商品へのこだわりを、お客様が「うざい」と感じることもあります。

けれども、少なくとも、確実に言えることは、「**自分が感動したものでないと、人の心を動かせない**」ということです。

自分が感動したということは、最低でも一人の人間の心を動かしたということを意味します。そして、**一人の人間の心を動かしたことは、別の人間の心を動かす可能性があります。**

当たり前のようなことですが、頭だけ、思考だけで物事を判断しようとすると、ついつい忘れがちな視点です。

そして、本当は価値のあることであっても、自分が「こんなことはたいしたことではない」と思っていると、その雰囲気はお客様にも伝わります。

起業当初、私は主に資金繰り対策をメインの仕事にしていました。でも、その際、「経営者であれば当然最低限の資金繰り対策をやって当たり前だ」と考えていました。

現状の数字を正確に把握する
いつまでにいくらのお金が足りないかを把握する
不足する金額を埋めるために、対応策を検討して行動する

資金繰り対策を単純化すると、このように表現できます。銀行員として長年取引先の資

金繰りを見てきた立場からすると、業種や業態、会社の規模によって金額や優先順位は異なるけれど、パターンは同じで面白みに欠けると感じていました。

つまり、私にとって資金繰り対策は、感動の対象ではなく、実務的に求められる業務の一種というわけです。

おそらく、事業再生を専門にしておられる方は、実務としての資金繰り対策は当然踏まえた上で、資金繰りが厳しい会社がいろいろな苦難を乗り越えて、再び会社を成長の軌道に載せることに、何かしら感動を覚えたご経験があるのだと思います。

この点、私の場合は

前職で資金繰りが厳しくなって、嫌な思いをした

資金繰りが厳しくなると、社長の態度も一変した

ということが資金繰り対策をやるきっかけになっています。

このため、事業再生に陥ったステージの会社ではなく、事業再生に陥らないように、いかに資金繰り対策を予防的措置として、実行するかに重きを置いています。

つまり、同じ資金繰り対策を仕事にするにしても、事業再生専門家の方が行う資金繰り対策と、私が起業後にやりたかった資金繰り対策は違います。なぜなら、

事業再生専門家：会社が厳しい状況から立ち直ることに心が動く
私　の　場　合：会社が厳しい状況に陥らないように準備することに心が動く

という違いがあるからです。

つまり、**感動するポイントが異なるので、その仕事でお客様の心を動かすポイントが違うのです。**

けれども、起業当初はこの違いに気づいていませんでした。このため、単に「資金繰り対策をやっています」という打ち出し方しかしていませんでした。すると、実際には資金繰りに厳しくなったお客様からの相談が大半だったので、自分自身もやっていて、今一つしっくりこなかったのです。

お客様から見た時に、こちらが思っているような違いはなかなか伝わりません。ましてや、こちらがどのようなことに心が動いて、この商品を売っているのかは、お客様には直接関係のないことです。

お客様が関心のあるのは、「自分が直面している問題は、この商品を買うことで解決できるのか、できないのか」だけです。

その際、ミスマッチはお互いにできるだけ避けたいところです。この点、商品を売る側が一歩踏み込んで見せ方、伝え方に工夫を凝らすことが求められます。

先の私の事例で言えば、「資金繰り対策」を打ち出すだけでは、明らかに言葉不足でした。そして、この失敗は私自身が自分の心意気と結びつけて、「自分がどのようなことに心が動くのか」を自覚していなかったことに要因があります。

現在では、「資金繰り対策」をメインの業務としては、打ち出していません。しかしながら、クライアントさんとお話ししていると、自然と

いくらの売上が必要か
いくらまでなら広告費に投資できるか
今なら銀行からどのくらい借り入れできるのか

といったことに話が及ぶこともあります。

会社を経営している以上、何をするにせよ、資金繰りとは切っても切り離せません。けれども、それはやって当たり前のことで、粛々と取り組むべきものです。

一方で、事業再生が必要なステージになると、粛々と資金繰り対策をやっている状況ではないので、そのようなご相談が来た時には、原則として知り合いの事業再生の専門家をご紹介するようにしています。

誰しも、できる仕事はたくさんあるかと思います。その際、**集中して取り組むなら、その仕事をやっていて、自分がワクワクするかどうかで、最初の判断をした方が上手くいくケースが多い**です。

自分の心が動いてワクワクするような仕事であれば、多少経験が浅くても、経験不足は時間が解決してくれます。

第6章

# 6 商品のUSPを定める

## USPは変化する

「熱々で、ジューシーなおいしいピザをお宅まで30分以内にお届けします。間に合わなければ、代金は頂きません。」

USP（Unique Selling Proposition）の説明としてよく使われるドミノピザの事例です。USPは独自の売り・強みと訳され、マーケティングを勉強すると、「あなたのUSPをハッキリさせましょう！」ということを必ず言われます。

でも、長年会社経営をやっている方なら、すぐお分かりのように、いくら独自の売りを前面に押し出したとしてもすぐに真似されます。特に「これは売れる」と思った特徴などは遅かれ早かれ他社が取り入れてきます。

もちろん、「30分以内に届けられなければ無料」という特徴を維持するためには、会社の業務フローをしっかりと整備する必要があります。このため、その特徴を続けられる仕組みがあることは先行者の強みでもあります。

けれども、多くのユーザーはなかなか違いが分かりません。ドミノピザが「30分以内」ならウチは「15分以内だ！」という会社が出てくれれば、独自の売りは売りではなくなります。

特に中小企業VS大手企業の構図で考えた場合、中小企業がせっかく苦労してUSPをアピールしても、大手企業が本気で取り組み始めたら、やがて市場を奪われてしまうのは明らかです。

だから、多くの経営者はライバル企業が似たような商品を売り出した時に、「いや、ウチは『ここ』が違います！」と違いを必死になってアピールすることになります。

しかしながら、競合が増えてきた時に会社側が打ち出す特徴の違いは、お客さんから見れば五十歩百歩。このため、会社が必死で考えた特徴もあまり効果がなく、結局は価格競争に巻き込まれてしまいます。

では、中小企業はどうすればよいでしょうか。

USPは商品が変われば変わります。また、商品が変わらなくても、競合他社が変わると、先のドミノピザのように、独自の売りが独自ではなくなることがあります。

この点、**コア・バリュー**は販売する商品が変わっても、競合他社が変わっても、不変です。なぜなら、社長個人の感情や思考に紐づいているからです。

このため、クライアントさんによくお伝えしているのは、「たとえあなたが魚屋さんになろうが、パン屋さんをやろうが、コア・バリューのところは変わりませんよ」です。

これに関連して、知人から聞いた事例ですが、私の印象に残っている話を一つご紹介したいと思います。

ある経営者の方（以下、Ｃさん）は最初高校のラグビー部の監督をやってチームを花園で優勝させました。その後、学生向けのお弁当屋さんを始め、鶏の唐揚げがたくさん入ったお弁当で人気を博しました。

しかし、その後、そのお弁当屋さんを人に譲って、高齢者向けの介護事業を始められたのです。

ラグビー部の監督

⬅

学生向けのお弁当屋

⬅

高齢者向けの介護施設運営

これだけ見ていると、この人は何をやりたいのかがよく分かりません。けれども、監督として実績を残したり、お弁当屋さんを繁盛させたりするなど、なかなかやり手の人であることが分かります。

したがって、それぞれの仕事において、ＵＳＰがあったものと推定されます。

では、Ｃさんのコア・バリューは何でしょうか？

実はこの方、育った家庭があまり裕福ではありませんでした。給食のある小学生時代は良かったのですが、給食のない中学生になると、昼の弁当を持っていくことができませんでした。

このため、昼休みになると、皆が弁当を食べる教室から出て、校舎の屋上で時間をつぶしていました。そんなある日、屋上で友達がいじめに遭っている場面に遭遇。体も大きかった彼は、そのいじめを止めに入ったそうです。

その後、Ｃさんに助けてもらった友人の母親は、彼が毎日弁当を持たずに学校に来ていたことを知り、自分の息子の分に加えて、彼の分のお弁当も作ってくれたのです。

そのような環境の下で育ったＣさんの心意気は**「飢餓をなくしたい」**。毎日腹ペコのまま、昼休みを屋上で過ごした経験を友人の母親がカバーしてくれたことが彼の心を大きく動かしたのです。

そして、この「飢餓をなくしたい」という観点から、その後の彼の仕事を分析してみると、ラグビーの練習は勝利に対する飢餓感を植えつけるものだったとも考えられます。

お弁当屋さんの場合はより分かりすく、ボリューム満点のお弁当でお腹の空いた学生の胃袋を満たすためのものでした。

そして、高齢者向けの介護施設。彼が何とかしたいと考えていたのが、高齢者の孤食の問題。このため、介護施設の食事の充実にはかなり力を入れました。

このように見てくると、一見するとバラバラだった仕事も、「飢餓」というキーワードを軸に考えると、すべて繋がってくるのが分かります。

つまり、同じ大盛りが特徴のお弁当屋さんをやっていても、Cさんのやるお弁当屋と別の経営者が営むお弁当屋さんはコア・バリューの部分で違います。そして、それは介護施設の運営でも同じなのです。

## 自然に差別化はできている

我々日本人は多かれ少なかれ、人と同じであることを大切に考える環境下で育ってきています。言い換えると、「他の皆と同じである」ことに安心する傾向があります。

「和を以って尊しとなす」国においては、極端な話、人と異質であることは和を乱す存在として嫌がられるのです。

けれども、やがて大人になり、自分で起業しようとすると、必ず質問されることがあります。

「他と何が違うのですか？」

今まで同一であること、人とできるだけ共通する部分を増やすことを強いられてきたのに、いざ自分で独立しようとすると、必ず差別化要素は何かを問われるのです。

私は勢いのまま起業したので、このような「差別化」については、起業して5～6年が経ち、いわゆる起業塾のような所で学ぶようになって初めて知りました。そして、自社商品の差別化要素を「あぁでもない」、「こうでもない」といろいろと考えるようになったのです。

起業した当時は元銀行員というコンサルタントはまだそれほど多くなかったように思います。このため、「元銀行員である」というのは一つの差別化要素になりました。

けれども、今や元銀行員である経営コンサルタントはたくさんおられます。したがって、今では元銀行員というのは差別化要素ではありません。

ある人からは「○○業専門のコンサル」というように、業種や業態を絞ってアピールしてはどうかというアドバイスをいただきました。

ただ、私の場合、製造業からサービス業まで、いろいろな業種のお取引先と接してきました。これはこれで一つのメリットだと考えています。また、資金繰り対策から業務改善や人材育成など幅広いご相談にのることが普通です。

クライアントさんには様々な引き出しがあることをご評価いただいております。けれども、専門性をより強調して、「建設業専門の人材育成専門のコンサルです」と打ち出した方が、差別化要因として良いのかもしれません。

しかしながら、私はこのような差別化の打ち出し方は今一つしっくりとはきませんでした。

形のないものを売るコンサルタントを差別化するのはさらに知恵を絞る必要があります。

けれども、仮に形のある商品を売る場合であっても、

世界でこの商品を作っているのは自社だけである

日本でこの商品を売っているのはここだけである

といったことがない限り、ライバル会社の商品と差別化を図るのは、けっして簡単なことではないのです。

しかしながら、差別化の要素を商品そのものでなく、

商品を作っている人
商品を売っている人

というように、フォーカスをモノから人へ変えることで、簡単に差別化することができます。

商品Aを売っているBさん
商品Aを売っているCさん

がいた場合、価格が同じでも、

商品Aを買うなら、必ずBさんからという人
商品Aを買うなら、必ずCさんからという人
商品Aを買うなら、特に売り手は誰なのかを決めていない人

に分かれます。

相性と言ってしまえばそれまでですが、Cさんではなく、必ずBさんから買う人は、BさんとCさんとの間にある違いを嗅ぎ分けています。一方、逆にBさんやCさんがそれぞ

れ相手と違う要素は何なのかについて言語化し、きちんと認識しているとは限りません。

つまり、たとえ**本人が自覚していなくても、自然に他者との差別化要因ができている**のです。

この点、販売する側が売り手や作り手による違いを打ち出そうとした場合、あれこれ悩まなくても、それほど難しいことではありません。言ってしまえば、一人ひとり人間は違うので、個性という点では簡単に違いを打ち出せるのです。

しかしながら、幼い時から人と同じであることを大切に考える環境下で育ってきたので、多くの場合、「BさんもCさんも、そんなに違いはないのでは?」という発想に陥りがちです。

もちろん、「彼（彼女）と私とでは◯◯が違う」と声高に主張しても、その◯◯がお客様にとって意味のある違いに捉えられないと、肝心の売上につながりません。

この点、**「心意気」の要素を取り入れて言葉で伝えることができたら、売上につながる可能性は一気に高まります。**なぜなら、「心意気」の部分は少なくとも、一人の人間の感情を大きく動かした要素と結びついているので、誰かしらの共感を呼ぶ可能性が高いからです。

第7章

# 7 3つの価値を共有する

## 機能価値、感情価値、社会的価値を定義する

コア・バリューを定義した後、次に決めるのは商品の

機能価値：商品の機能や特徴から直接実現できること
感情価値：商品の機能や特徴から派生する感情や気持ち
社会的価値：商品から展望される社会的意義

です。

先ほど、商品が変わってもコア・バリューは変わらないと申し上げました。魚を売ろうが、化粧品を売ろうが、社長の心意気を反映したコア・バリューは変わりません。けれども、商品が違えば、当然のことながら、伝えなければならない価値も変わってきます。

美味しい魚と肌にもやさしい化粧品では、買う人も、それから得られる効用も違ってきます。

この場合、多くの会社でやってしまうのが機能価値だけ伝えてしまうことです。

「我が社の商品はこんなこともできます」
「ウチの商品は他に比べて軽くて丈夫です」
「当社の新商品は最新の技術を結集して作ったものです」

モノが少ない時代であれば、便利な商品を作れば売れました。洗濯機しかり、冷蔵庫しかり、エアコンしかり、です。近年ではスマートフォンがよく売れました。

そして、各社は自社製品の機能を競い合って、より便利なモノ、よりスゴイ機能を競い合いました。

けれども、技術が日進月歩で進む中、画期的な技術が一世風靡しても、他社がすぐに似たような機能をつけて新商品を開発します。

もちろん、各分野にもマニアックなファンは必ず一定数います。このため、他社商品よりも、ちょっとでも凄い機能がついていれば、すぐに買い替えるお客様はいます。

しかしながら、その微妙な違いは多くのお客様にとっては非常に分かりづらいものです。すると、販売する側が、いくら「ウチの商品は、ここがこんなに凄いんです」と一生懸命説明して、労力をかける割には売上につながらない時代になっています。

特に今はインターネットを使えば、誰でも簡単に情報が手に入る時代。会社側が「ウチの商品は凄い」と説明しても、お客様レビューで、「この商品の機能は会社が宣伝するほどのものではない」といった声が複数掲載されると、商品購入には結びつきません。

つまり、今は機能価値を伝えるだけでは商品が売れない時代なのです。

機能価値だけでは他社商品との差別化が難しい場合、次に大切になってくるのが**感情価値**です。すなわち、お客様の感情に響く価値を伝えられるかどうか。

この感情価値を説明する際、よく使っているのがオムツのパンパースの事例です。

当初は「高吸収機能」を前面に出して広告を出しましたが、あまり売れませんでした。けれども、その後**「赤ちゃんの夜泣きが減ります」**と伝えたところ、赤ちゃんの夜泣きで睡眠不足気味だったお母さんの心に響き、一躍大ヒット商品になりました。

オムツを実際に使うのは赤ちゃんですが、オムツを買う人は赤ちゃんの親たちになります。このため、新しいオムツを買ってもらうには、赤ちゃんを育てている親が「それなら欲しい」と思ってもらうことがポイントになります。

もちろん、オムツの大事な機能は吸収性。赤ちゃんがおしっこしても漏れずに吸収してくれることは大切なポイントです。それゆえ、機能価値として、「高吸収機能」を打ち出すことは間違いではありません。

けれども、子育て中の親御さんには、その高吸収機能の良さや素晴らしさが伝わなかったのです。

そこで、メーカー側はさらに一歩踏み込んで、「高吸収機能ならどうなるか」を掘り下げました。

高吸収機能

⬅ おしっこをした後も赤ちゃんが気持ち悪くならない

⬅ 睡眠中にお漏らししても、赤ちゃんは目を覚まさない

⬅ 赤ちゃんの夜泣きが減る

ここまで掘り下げると、毎晩赤ちゃんが夜中に泣き出すために睡眠不足気味の親御さんにとっては、「それなら欲しい」となったのです。

感情価値という言葉だけ聞くと、何か凄い表現をしなければならないと捉える人もおられます。けれども、何か人を感動させるような文学的、抒情的な表現が必要な訳ではありません。

「赤ちゃんの夜泣きが減る。」この表現だけ見れば、ごく普通の文章です。けれども、この表現から想像される事実がお客様の琴線に触れた時、それは感情価値になります。

クライアントさんのセッションでも、この感情価値を掘り下げることをよく行っています。

社長さんも自社商品の機能価値については、とうとうとお話されます。その際、我々の方では、**「それで、どうなりますか？」**といった質問を挟むことで、感情価値を一緒に見つけていきます。

感情価値を見つけるには、お客様の立場に立って、現在お客様がどのようなことで悩み、どのような問題を解決したいのかについて、想像を膨らませる必要があります。

その際、お客様が必ずしもご自分の悩みや問題を自覚されているとは限りません。このため、既存のお客様にインタビューしたり、見込み客と思われる人たちにアンケートを取ったりして、問題の本質に迫ることが求められます。

この感情価値については、販売する側が「これが正解だ」と思って伝えても、お客様の感情に響かないと、正解とはならないので、試行錯誤を続けながらブラシュアップしていくことが必要です。

また、「どのような感情価値をお客様に提供したいか」は自分の心意気に起因するところも大きいです。それゆえ、機能価値に比べて、言語化するのに時間はかかるのですが、モノが売れない時代にあっては絶対に欠かせないプロセスです。

機能価値に加えて感情価値がきちんと伝わることで、商品は売れます。しかしながら、最近、機能価値と感情価値に加えて、必ず言語化した方が良いと感じているのが社会的価値です。

この商品を使うことで、「どのような社会を実現しようとしているのか」「なぜ、今この商品が必要なのか」という社会的な意義を伝えることができたら、商品の魅力はぐんと高まります

もちろん、１つの商品を使ったからと言って、社会がすぐに大きく変わるわけではありません。けれども、「単に自社の売上アップのために開発した商品」と「将来のより良い社会実現の一歩に向けて開発した商品」とでは、社会的価値は異なります。

広い意味では感情価値に含まれるのだと思いますが、「社会的価値がどこまで織り込まれているか」が、今後は商品の魅力を伝える鍵になってくるのを実感しています。

皆がＳＤＧｓと言っているから右にならえとして「環境にやさしい素材を使っています」とアピールするのではなく、会社が、そして、社員が腹落ちしているから「環境にやさしい素材を使っています」と自信を持って伝えられるかどうか。

立派な経営理念や行動指針を掲げていても、商品やそれを売っている社員の言動を見ていると、**「そこに一本筋が通っているのか」**「表面的に綺麗ごとを言っているだけなのか」は見る人が見れば必ず分かります。

機能価値や感情価値、そして、「この商品の社会的な価値は何なのか?」という社会的価値を含めた3つの価値を社内でも一度議論してみましょう。

## 価値の伝え方で商品の売上が変わる

価値の伝え方で商品の売上が変わる事例として、思い出すのがあるアロマセラピストさん（以下、Dさん）の事例です。

Dさんは雑誌でも取り上げられるなど、業界では有名な方ですが、オリジナルのメソッドとして、精油を使った心理分析を「香水作りセミナー」という講座の中でやっていました。

ある日の「香水作りセミナー」は受講する人がゼロ。たまたまセミナー直前に会っていた弊社の取締役は「せっかくだから…」とその流れのまま参加。

目の前に並ぶ精油の香りの中から好きなものを選んで、香水を作ると思っていたら、なにやら様子が違います。

　精油の香りを嗅ぎながら
「今どこにいるかんじ？」

「誰といるの？」

「何をしているの？」

と次々と聞かれます。

「何これ？」という驚きと自分のイメージから分析されている初体験の面白さ。

「これめちゃくちゃ面白い！」

「この分析すごい～！すごいよ～！」

「香水セミナーとか言っていたら、ダメじゃない？」

と取締役が興奮していたら、「えっ？そう？そうかなぁ？」と意外な顔のDさん。

　もともと彼女の精油による心理分析は彼女のオリジナルの手法ですから、彼女にとっては「当たり前のこと」でしかありません。当たり前すぎて、どれだけすごいかに気づいていなかったということです。

そこで、これは名前をつけようということになり、「ああでもない」、「こうでもない」と盛り上がりながら、アロマで分析するということから、「アロマアナリーゼ」という名前が誕生することになります。

オリジナル手法に「アロマアナリーゼ」という名前がついたことで、参加者がいなくて開催できないこともあった講座はいつも満席。すぐに定員が埋まってしまう人気講座になりました。

やっている内容はまったく同じなのに、です！

その後「アロマアナリーゼ」は受ける人だけでなく学ぶ人も増え、「アロマアナリーゼ」をするアロマアナリストが生まれ、じわりじわりと全国規模で広がっています。そして、本も出版されました。

もちろん、彼女自身の地道な努力があってこそですが、「アロマアナリーゼ」は大躍進です。

この「アロマアナリーゼ」の誕生には、大事な要素がいっぱいあるとDさんとも話をしました。

1つ目は、**「自分の価値の評価に第三者の目が入った」**ということ。

これまでにも香水作りセミナーを「すごい」と言う人もいたし、リピートして参加する人もいたということですが、それは多少なりともアロマの知識がある人たち。アロマの知識がまったくなかった弊社の取締役とは、「すごい！」と感じるポイントが違ったわけです。

知らなかったからこその感動は、彼女の「当たり前」が「当たり前じゃない」になり、Dさんは自分が提供する価値を再認識しました。

2つ目は、**「ネーミングで見せ方を変えた」**ということ。

「香水作り」では興味を持たなかった人も「アロマアナリーゼ」と言うことで魅力的に映った訳です。

スポットを当てたのは、香水を作ることではなく、心理分析の方。マーケティングとしては超重要です。

オリジナルの精油による心理分析は素晴らしいものなので、いつかは世に出るものであったと思います。でも、香水作りセミナーのまま続けていたら、もっと時間がかかっていたかもしれません。

自分の価値に気づき、さらに研鑽を積んで地道に続けてきたことで、「アロマアナリーゼ」生みの親であるDさんは精油の翻訳家として大活躍中。

「アロマアナリーゼ」誕生の瞬間にちょっとだけ関われた私たちもなんとも嬉しい限り

です。

## 価値の伝え方でお客様との会話が変わる

価値の伝え方でお客様との会話が変わる事例として、あるリフォーム屋さんの事例をご紹介したいと思います。

弊社のクライアントさんで、不動産管理のお仕事をされているE社さんがおられます。会社の事業の一つとして、リフォーム部門があり、その事業責任者は、創業社長のご子息でした。

弊社ではそのご子息の心意気を掘り下げて、

個人の心意気の言語化

⬅

リフォーム事業のコア・バリューの言語化

を進めていきました。

そして、リフォーム事業の理念として、**「住まいの憂鬱をほっとする幸せに変える」**と定義したのです。

当時のリフォーム部門の課題は、事業部長と社員とのギャップをいかにして埋めるか。つまり、事業部長が自ら動けば、成約率も上がるし、売上アップにもつながります。けれども、社員が増える中、いつまでも事業部長が先頭に立って営業に専念する訳にはいきません。

分身とまではいかないまでも、ある程度事業部長の意向を汲んで、社員が自主的に自ら考えて営業し、お客様と交渉できるようになることを目指していたのです。

その目標に向けて、我々も知恵を絞って、いろいろな施策を試みたのですが、その中の鍵となったのが、前述の「住まいの憂鬱をほっとする幸せに変える」をいかに普段の仕事に反映させるかでした。

理念が言語化できた後は、朝礼や夕礼で毎回伝えたり、事業部長の机の所に理念を書いた紙を貼って、社員が事業部長の所に相談に来た際は目に入るようしたりするなど、いろいろと工夫を凝らしました。

言葉を定義して、伝えたとしても、相手にはすぐに伝わりません。そして、伝わって、行動変容に結びつけるには、何度も繰り返し、しつこく言い続ける必要があります。

このような愚直な実践を繰り返している中、ある時、お客様から家の水回りをリフォームしたいというご依頼がありました。

担当者が先方を訪問すると、水がぽとぽと落ちるため、修理が必要な状況であることが分かりました。そして、通常であれば、その修理の状況を踏まえて見積もりを出し、お客様がＯＫなら、工事をして終了となります。

けれども、事業部長がいつも口癖にしていたのは、**「お客様が本当に実現したいことは？」**

つまり、単にリフォームの仕事をやるのであれば、現場に行って修繕箇所を確認すれば済みます。けれども、「住まいの憂鬱をほっとする幸せに変える」という理念からすれば、それではまだ仕事として中途半端なのです。

そこで、このケースでも、社員が見積もりを先方に出すために事業部長に確認を取ろうとした際、「住まいの憂鬱をほっとする幸せに変える」という観点から、もう少しお客様のニーズを探るよう指導したのです。

そして、担当者が再度お客様の所を訪問して、いろいろとヒアリングしたところ、
この家には来訪者がよく来て洗面所を使う
来訪者が洗面所を使う時、今のままでは恥ずかしい

という理由で、まずはポトポト垂れる水回りをリフォームしたいということが分かったのです。

つまり、このお客様にとっては、

住まいの憂鬱：来訪者に気持ち良く洗面所を使ってもらえない

ほっとする幸せ：来訪者が来ても、安心しておもてなしできる

です。

ここまで、お客様のニーズが深掘りできたら、後はそれほど難しいことはありません。会社としては、ほっとする幸せを実現できるような提案を作成し、お客様に提案したところ、先方からは「これでお願いします」という返事をいただきました。

この案件については、当初100万円ぐらいの見積もりだったのが、結果的に300万円ぐらいのリフォーム案件になりました。

その結果、

お客様も喜ぶ

お客様のお客様である訪問者も喜ぶ

会社も売上が増える

となり、三方良しという結果になったのです。

このように社員の行動も少しずつ変化していた結果、弊社が当初のご相談をいただいた時はリフォーム部門の売上は約2億円だったのが、3年経つと、約5億円になりました。

そして、ここでの実績を先代社長も高く評価した結果、ご子息だった事業部長は晴れて二代目社長に就任されたのです。

立派な経営理念を作っても、それを社内で浸透させるのは一筋縄ではいきません。けれども、事例でご紹介した「住まいの憂鬱をほっとする幸せに変える」という理念は、事業部長の心意気に合致したものでした。

最初はなかなか社員にはその真意が伝わりませんでしたが、自分の腹落ちしている言葉だったので、伝え続けることができたと言えます。

## 価値の伝え方で下請け体質が変わる

価値の伝え方で会社の組織風土を変えることに挑戦されている事例について、ご紹介したいと思います。

創業して50年以上の歴史を誇る老舗メーカーF社さんが、従来取り組んできた下請け中心の企業風土からの脱却を図るべく、弊社にご相談に来られました。

作っておられるのは特殊なダンボール紙で作ったふすまです。高度成長時代、各地に団地が作られた際には、同社の作ったふすまが軽くて、丈夫で、お値段もお手頃ということで、飛ぶように売れていきました。

けれども、時代が経ってだんだんと和室が少なくなる中、いわゆるふすまの需要も減っていきます。今までは発注先からのオーダーに応じるため、技術を磨き、大量生産に応じてきましたが、今後は下請け体質から脱却して、自社で独自の市場を開拓する必要があったのです。

弊社では。まず社長の心意気を深掘りしたところ、**社長が先代から引き継いだ後、試行錯誤しながら取り組んできたことは間違いではなかったという確信を社長ご自身が持つ**に至りました。

会社を取り巻く環境が大きく変わる中、経営者はなんとかそれに対応すべく、いろいろな手を打ちます。その際、その打ち手がすぐに成果につながれば良いのですが、実際には必ずしもそうとは限りません。

その際、

自分が考えた対策が上手くいかない

⬅

このままで良いのかと疑心暗鬼になる

⬅

自分に対する自信がなくなる

ということがあります。

自信とは文字通り、自分を信じること。社長が自信を失うと、経営判断にも迷いが生じるため、間違った対策を実行したり、本来やるべき対策を後回しにしたりすることがあります。

クライアントさんの場合は、そこまで自信をなくしていたわけではありません。けれども、自分の心意気を言語化したことで、「これでいいんだ」「今までの取り組みは自分の心意気とも方向性があっている！」と改めて認識されたのです。

その後、社員を交えてディスカッションを重ねる中で、新たな経営理念として**「居心地をしつらえる」**を打ち出しました。そのコンセプトを基に展示会で新商品を出品したところ、2年連続で賞を受賞。大手百貨店や全国展開する書店からも高く評価されて、今までなかった販路の開拓に成功し、オリジナルブランドを確立しつつあります。

社長の確固たる自信が社内にも伝わり、商品の見せ方や魅せ方が大きく変わった事例と言えます。

人は自分が「本気で変わりたい」と思えば、自分自身を変えることができます。けれども、人の集合体である会社の場合、社長が「今の会社の体質を変えたい」と思っても、人は本能的に変化を嫌がるので、社員が「今の会社の体質を変えたい」と思うとは限りません。

その際、問われるのは**社長の熱量**。言い換えれば、本気度です。しかしながら、人は熱しやすく冷めやすいもの。

「会社の体質を変えたい」と言い出した時は熱量が高くても、社員が一向に変わろうとしないといった状況が続くと、「熱量が下がる⬇改革が途中で頓挫する」、もしくは、「熱量が熱いまま、社員に怒りをぶつける⬇社員が引いてしまう」という結果を招くことがあります。

熱量が下がっても上手くいかないし、熱量が上がりすぎるのも危険というわけです。その際、ポイントになるのは、「感情⬇思考⬇行動」のプロセスに沿って考えると、感情：今自分が取り組んでいることは自分がワクワクすることなのかをまず社長自身として確認することが出発点です。

クライアントさんの事例で言えば、

下請け体質のまま、会社の業績が下がる状況は嫌だ（モヤモヤする）

⬅

下請け体質から脱却して、会社の業績を上げるのは楽しい（ワクワクする）

が出発点になります。

まずは、自分の心意気と紐づけてこれからやろうとすることは自分のワクワクすることにつながるのかどうかを確かめるのが先決です。

もし、この時点で、「それほどワクワクしない」「ワクワクしないけれど、やらねばならないことだ」というぐらいなら、それは心意気とは合致していない恐れがあります。

日本では「言霊」と言われますが、言葉に魂が宿っていれば、誰かしらの心にも響きます。けれども、そこの部分が中途半端だと、同じ言葉を使っていても、言葉が上滑りします。

「居心地をしつらえる」という言葉が出てきた時、私はそこに社長の意地とプライドを感じました。

ウチは単なる下請け会社じゃない
長年培ってきた技術力をもっとたくさんの人に知ってほしい
やたら金儲けに走る大企業の言う通りでは上手くいかない
日本人なら、日本にある「和」の良さを活かしたい
社員も自社商品に自信を持ってお客様に接してほしい

1つの言葉に集約するには、たくさんの要素をそぎ落とす必要があります。あれも言いたい、これも伝えたいと思って、盛り込みすぎると、かえって何も伝わらなくなります。セッションの中で、「居心地をしつらえる」という言葉が出てきた時、一緒に打ち合わせをしていた社員さんたちの表情も一瞬変わったように感じました。おそらく、すべてではないにせよ、社長の心意気が何かしら社員の方にも伝わったのだと思います。

先に、自分が感動したものでないと、人の心を動かせないと書きましたが、経営理念を通して、社長の心意気が社員にも伝わる瞬間に立ち会えることは仕事の醍醐味でもあります。

そして、メーカーであれば、その思いが商品という具体的な形となって、お客様にも伝わります。

「居心地をしつらえる」というコンセプトが展示会でも高い評価を得たのは、

社長の心意気

⬅

社員の心意気

⬅

商品の価値や魅力

という一貫した流れができたからです。

第8章

# 8 「3つの自立」で事業を成長させる

## 3つの自立とは

心意気経営を実践して、事業の成長に結びつけるには3つの自立が必要です。

1. 理念の自立
2. 社長の自立
3. 社員の自立

**理念の自立**とは、社長の言葉と会社の経営理念を分けること。
**社長の自立**とは、社長が社員に対する過度な期待から脱け出すこと。
**社員の自立**とは、社員が個性を活かして他者に貢献すること。
そして、難易度からすれば、理念の自立➡社長の自立➡社員の自立の順番でだんだん難しくなります。（図9）

（図９）

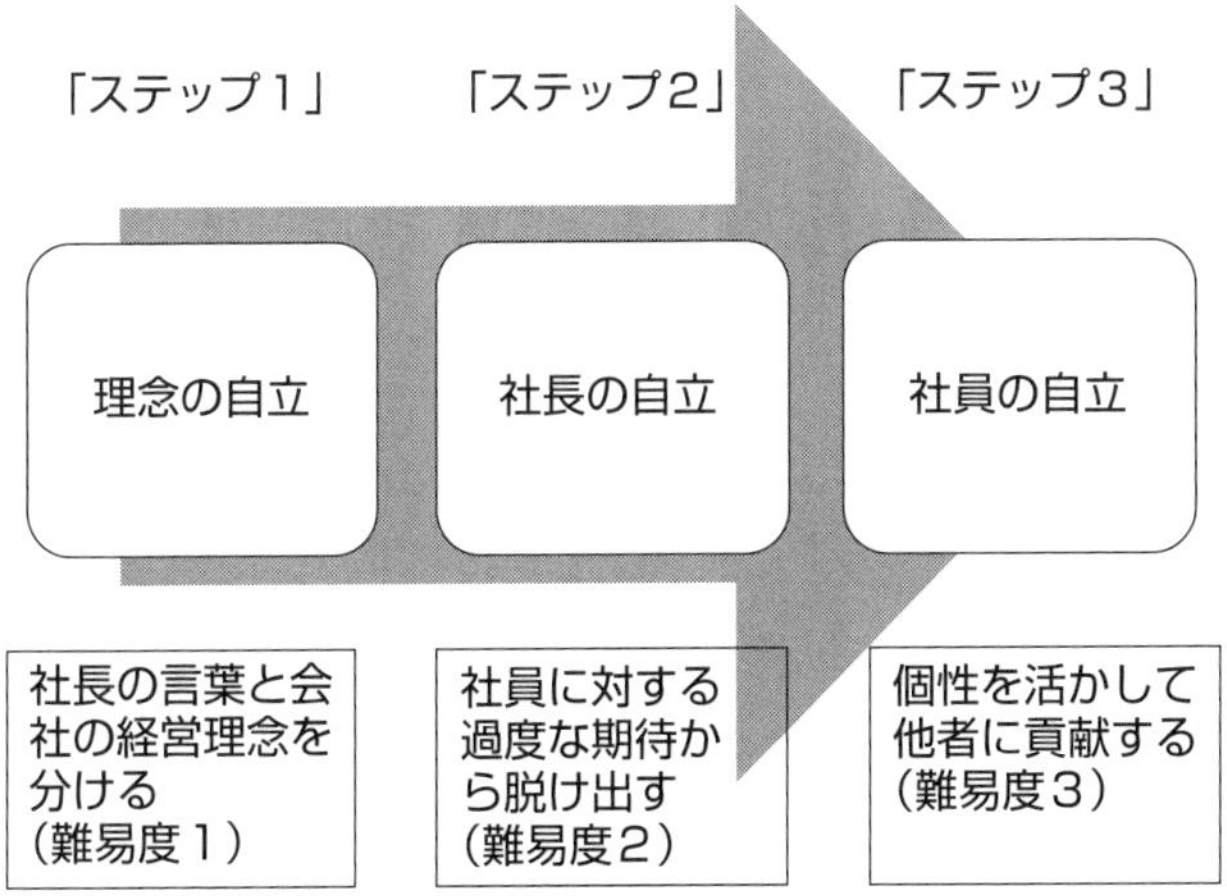


## 理念の自立

前述のように、理念の自立とは、社長の言葉と会社の経営理念を分けることです。中小企業においても、経営理念を掲げている会社はたくさんあります。けれども、社員がその経営理念に沿って仕事をしているかという点になるとどうでしょうか。

おそらく、立派な経営理念はあるにはあるけれど、多くの場合、社長の指示に従って、日々の仕事を行っているケースが多いのではないでしょうか。

この場合、社長の指示が常に経営理念に沿っていれば、問題ありません。けれども、社長も人の子。機嫌が良い時もあれば、イライラしている時もあります。

そして、多かれ少なかれ、社長の機嫌は会社の業績に影響を受けます。業績が順調に行っている時は、「社長の言葉＝会社の経営理念」であっても、なかなか業績が上がらず、思ったような結果が出ない時に、社長の言葉が会社の経営理念と必ずしも一致しないことがあります。

経営理念では「お客様の笑顔を大切に」と掲げているのに、今月の売上を確保するために、「四の五の言わずに客の所へ行って、契約を取ってこい」と社長が指示したら、どうでしょうか。

おそらく、ほとんどの社員は経営理念ではなく、社長の指示に沿って、お客様の笑顔ではなく、目先の売上を確保するよう行動します。

そして、このように、会社の経営理念よりも、社長の指示が重視される行動が続くとどうなるでしょうか。

当然のことながら、経営理念は絵に描いた餅になり、社員は常に社長の顔色を見て仕事をするようになります。

会社の経営理念は、仮にそれを社長が一人で作ったものであっても、社員だけでなく、社長自身も守るべきものです。言ってみれば、会社にとっての憲法みたいなもので、それ

（図 10）

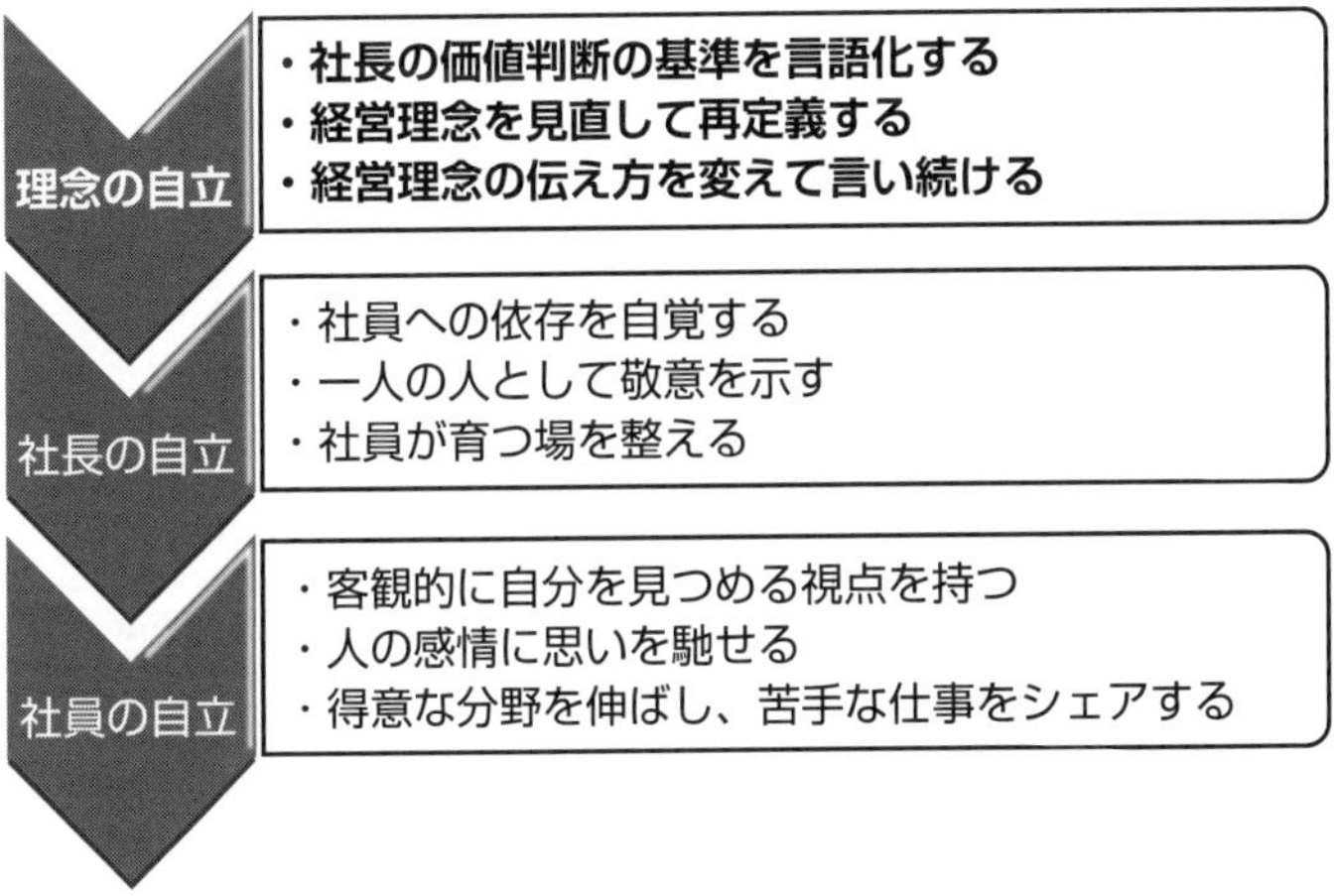

| | |
|---|---|
| 理念の自立 | ・社長の価値判断の基準を言語化する<br>・経営理念を見直して再定義する<br>・経営理念の伝え方を変えて言い続ける |
| 社長の自立 | ・社員への依存を自覚する<br>・一人の人として敬意を示す<br>・社員が育つ場を整える |
| 社員の自立 | ・客観的に自分を見つめる視点を持つ<br>・人の感情に思いを馳せる<br>・得意な分野を伸ばし、苦手な仕事をシェアする |

と矛盾する言動が続くようであれば、その言動を改めるか、現実に合わせて経営理念そのものを変えるかしないと矛盾が生じます。

そして、この矛盾は、会社経営における不安定要素となります。

したがって、心意気経営を実践して、事業を成長させるには、社長の言葉と会社の経営理念を分けて、常に

会社の経営理念

＜

社長の言葉

という状況を作る必要があります。

そして、この理念の自立を作るためには、次の3つの要素がポイントになりま

す。（図10）

（1）社長の価値判断の基準を言語化する

（2）経営理念を見直して再定義する

（3）経営理念の伝え方を変えて言い続ける

## （1）社長の価値判断の基準を言語化する

これを分類すると、次の3ステップに分かれます。

**①「感情➡思考➡行動」のプロセスに沿って過去と現在を分析する**

**②力を発揮できる要素と力を発揮できない要素を区分けする**

**③社長個人のビジョン、ミッション、バリューを固める**

これは言ってみれば、社長個人の心意気を言語化することを意味します。

## （2）経営理念を見直して再定義する

これを分類すると、次の3要素からなります。

① **会社が目指す理想の世界を描く（ビジョン）**
② **理想を実現するための使命・役割を明確にする（ミッション）**
③ **会社がお客様に提供する価値を決める（バリュー）**

経営理念を再定義すると書きましたが、これは必ずしも既にある経営理念を書き直すということを意味しません。けれども、社長の心意気が明確になった後で、経営理念を再度読み直してみると、「もう少し、この部分を強調したい」「この表現だと、いま一つ真意が伝わらない」といったことが出てきます。

そして、全面的に経営理念を書き直すというよりは、その意味合いをハッキリさせるということになることが多いと言えます。

## （3）経営理念の伝え方を変えて言い続ける

経営理念の再定義が終わった後は、それを浸透させるために、次の3つの実践が求められます。

① **できるだけ分かりやすい表現を使う**

## ② 日々の仕事と結びつけて解説する

## ③ 全社員に浸透するまで繰り返し伝える

社長の心意気を言語化して、経営理念を再定義するところまでは、社長だけでも完結できることです。けれども、理念の自立を実現するには、その理念が浸透するまで言い続ける必要があります。

経営理念は、どうしても抽象度が高くなります。そして、抽象度の高いものは、具体的な事柄に比べると、理解されづらいという特徴があります。このため、できるだけ、分かりやすい表現を使うとともに、日々の仕事と結びつけて説明する必要があります。

朝礼で経営理念や行動指針を唱和しているケースがあります。もちろん、やらないよりはやった方が良いかと思いますが、言葉だけ暗記して、言えるようになっても、それが実際の行動に結びつかないと意味がありません。

また、会議などで、失敗事例の報告やトラブル案件の対応について協議することもあるかと思います。その際、単に「あのミスはAさんが経験不足だったから」「今回のトラブルを踏まえて、業務のやり方を改善します」というように、原因を矮小化していることも少なくありません。

(図 11)

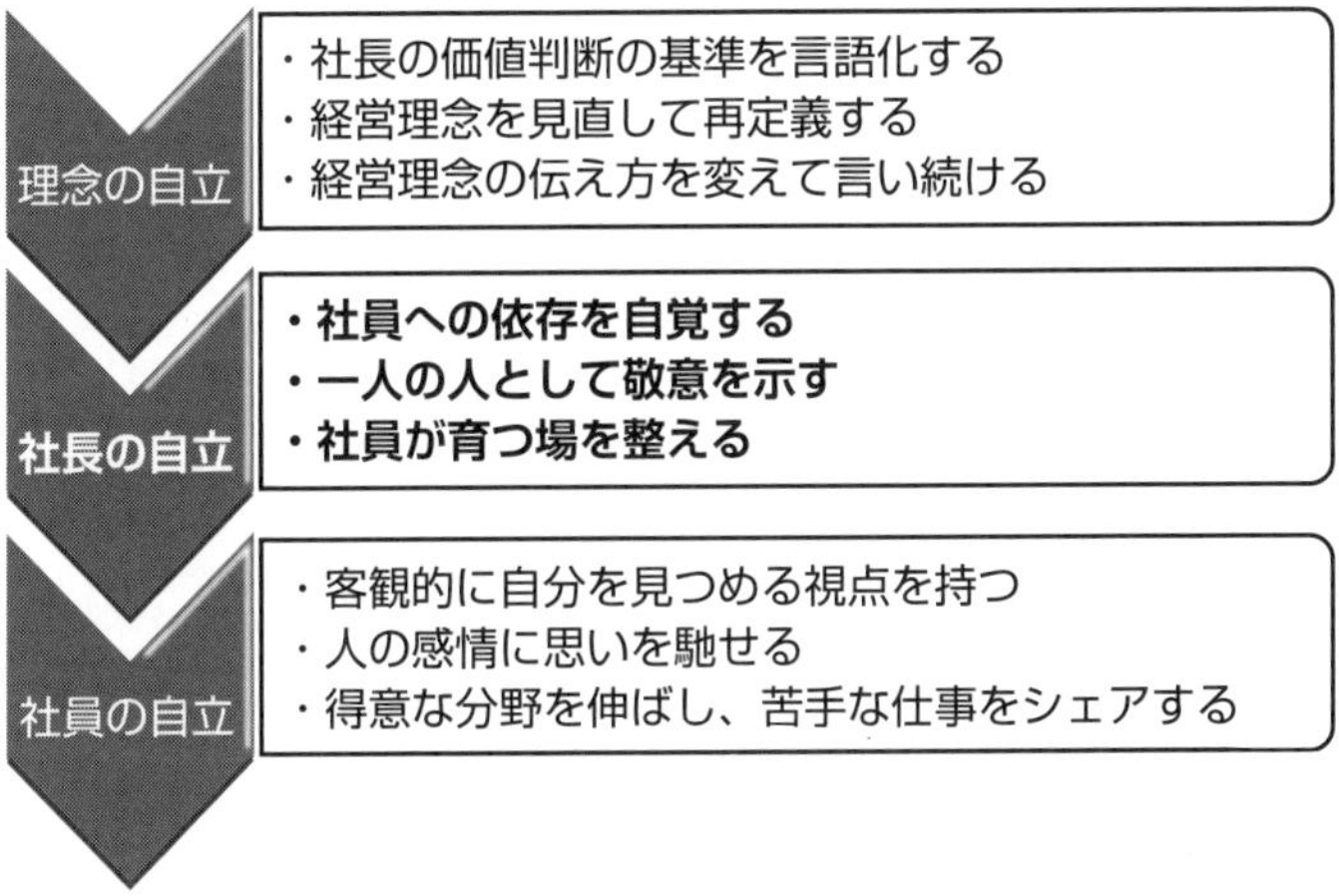
理念の自立
・社長の価値判断の基準を言語化する
・経営理念を見直して再定義する
・経営理念の伝え方を変えて言い続ける
社長の自立
・社員への依存を自覚する
・一人の人として敬意を示す
・社員が育つ場を整える
社員の自立
・客観的に自分を見つめる視点を持つ
・人の感情に思いを馳せる
・得意な分野を伸ばし、苦手な仕事をシェアする

理念の自立を実現するには、ちょっとしたミスや小さなトラブルであっても、常に経営理念と結びつけた時にどうなのかと、「具体的な課題⇅抽象的な理念」として、捉える習慣が大切です。

そして、このような、ちょっと面倒なことは、社員はあえてやりません。このため、最初は手間であっても、社長が一歩踏み込んで「このミスはお客様から見た時にどう思う？」「今回のトラブルを経営理念に沿って活かすにはどうしたら良いか？」といったように、習慣が身につくまでは問いかけを続けていくことが大切です。

## 社長の自立

理念の自立がある程度動き出したら、次は社長の自立になります。社長の自立は次の3要素になります。（図11）

（1）社員への依存を自覚する
（2）一人の人として敬意を示す
（3）社員が育つ場を整える

### （1）社員への依存を自覚する

社員への依存を自覚する際には次の3つがポイントになります。

①等価値交換型から共同プロジェクト型へ頭を切り替える
②社員の特徴を把握し、冷静に力量を見極める
③過去に実践したことをいったん忘れる

等価値交換型と共同プロジェクト型とは何でしょうか。

50万円払って、商品を買うというように、多くの商取引はお金を介して価値の交換が行われています。

これを会社と社員との関係で考えた場合、

会社：毎月50万円の給料を支払う
社員：毎月50万円に見合うだけの仕事をする

という価値交換が行われていると捉えることができます。

若い頃、「もらった給料の3倍は稼げ」と上司から言われたことがあります。会社の場合、社員に支払う給料以外に事務所の家賃など、いろいろな経費がかかります。このため、毎月もらう給料分の価値を提供するだけでは、会社は事業を続けていくことができません。

おそらく、

会社：毎月50万円の給料を支払う
社員：毎月１５０万円以上に相当する仕事をする

ことで、ようやく会社が考える、等価値交換になるものと思われます。

昭和の時代は会社が就職から定年まできちんと面倒を見てくれたので、「自分は給料以上稼いで会社に貢献しているのに」と考える社員がいても、「そうはいっても会社があってこその自分だ」と認識して、特に大きな不満や不平は出なかったように思います。

けれども、昭和が終わり、平成を経て令和になった今、会社と社員との関係はかなりドライになっています。

転職するのは当たり前であり、中には自ら独立して自分で事業を始める人もおられます。

このため、会社が都合よく考える「せめて支払う給料の3倍は貢献してほしい」という価値観は通用しなくなってきています。

したがって、もし、社長さんが従来通りの価値観に沿って、「これだけ給料を払っているのだから、この仕事をやって当たり前だ」と思って、社員と接しているなら、考え方を変える必要があります。

等価値交換型との対比となる共同プロジェクト型は、会社の仕事は会社と社員との共同プロジェクトとして捉える考え方です。

そこには上下関係はありません。あるのは、

プロジェクトの目的
プロジェクトの内容
プロジェクトで得られること
に関する合意です。

言い換えれば、

会社の経営理念に共感する
会社で行う仕事の内容
会社で仕事を行うことで得られる報酬など

に関して、会社と社員との間でお互いに納得した上で、仕事を行うというスタイルです。

今でいうところのジョブ型の仕事に近い感じですが、個人的には外資系企業で行われているジョブ型を厳密な形で日本の会社に導入するのは難しいと考えています。

なぜなら、ジョブ型で最初にコミットした内容以外の仕事を社員にやってほしいと思っても、「それは契約に書いていません」と相手は拒否することができるからです。

それよりも、職務領域としてやや曖昧な部分は残るものの、仕事は会社と社員の共同プロジェクトとして、お互いに協力しながら進める形の方がよりスムーズにいくことが多いです。

私の感覚からすると、ジョブ型雇用を突き詰めていくと、前述の等価値交換型に行き着くように思います。

なお、共同プロジェクト型が上手く機能するには、会社の経営理念に対する共感が絶対に欠かせません。そして、この経営理念を伝える際に力を発揮するのが、社長の心意気です。

共同プロジェクト型で仕事を進めるには、社員の力量を見極める必要があります。

1つの仕事を完結するには、いくつかの要素が必要です。

メーカーで商品を作って販売する場合、

商品を企画する
商品を開発する
商品を製造する
商品を販売する

といったプロセスがあります。

そして、商品を製造するというプロセスを取っても

原材料を仕入れる

原材料を使って商品を作る

商品を保管する

といった仕事があります。

商品を製造する場合でも、原材料を仕入れる仕事と原材料を使って商品を作る工程では、やる仕事が全然違います。

大手企業では、購買部門と製造部門に分かれて、それぞれ購買の担当者や製造部門の責任者がその職責を担っています。けれども、経営リソースの少ない中小企業では、工場長が原材料の仕入れから商品の品質管理まで、様々な仕事を一人で担っていることも少なくありません。

人には得手不得手があります。このため、

原材料の仕入れで必要な知識とスキルは何か

商品の製造工程で求められる経験は何か

などがハッキリしないと、ある仕事ではすごく価値を発揮しているのに、別の仕事では今一つのため、結果的に全体として仕事のレベルが下がるということが起こります。

これを防ぐには、会社としての基準を設けて、各社員がその基準から見て、今はどの水準にあるのかを冷静に見極める必要があります。

あるクライアント先では、業務プロセス毎に会社としての「一人前基準」を設定しています。その「一人前基準」をどれだけクリアしているかを定期的に確認することで、誰に、どの仕事を任せても大丈夫なのかを判断する際の材料になります。

働き手が少なくなっている中で、共同プロジェクト型で仕事を進めるには、足りない部分は何かを見極めて、それをどのようにして補うかを常に考える必要があります。

これは単に人手が足りないから、新たに人を雇うという方法では解決できません。

会社としての基準を決める
×
社員の力量を見極める
×
社員の個性を活かす形で「誰が、何を、どこまで」責任を持ってやるかを決めることが絶対に欠かせません。

そして、過去に実践したことをいったん忘れる。

社長が社員に怒る際によく口にするフレーズが「何回同じことを言わせるんだ！」です。

社長としては、指示したことは理解して、その通り実行して欲しいと考えています。しかし、残念ながら、社長の指示が一度で伝わることはまれです。

また、会社によっては、外部講師を招いて研修を行うなど、社員教育に力を入れているところもたくさんあります。

ただ、社員のために、お金をかけ、時間をかけているのに、期待したほどの成果につながっていない会社もあるのではないでしょうか。

このような会社からご相談いただくこともあるのですが、その際、私が社長さんにお伝えしているのは

「過去に実践したことはいったん忘れましょう」

です。

**期待の反対語は「信頼」**です。

一度言えば、社員は分かってくれる。社員研修を実施すれば、社員は成長してくれると

いうのは、社員に対する期待です。

期待は社長が勝手に抱いているものであり、社員が期待に応える場合もあれば、社長の期待を裏切る場合もあります。けれども、社員は社長が勝手に抱いている期待に応える義務はありません。

もちろん、多くの社員は社長の期待に応えようと努力を重ねるわけですが、仕事における結果はいろんな要素が絡んでくるので、一生懸命努力したけれど、期待外れの結果に終わることもよくあります。

言ってみれば、期待するというのは、条件付きで相手を承認することです。

売上1億円を達成したら、評価して認めるが、未達の場合は、評価しないことを意味します。

一方、信頼するというのは、条件なしで、相手を承認することです。つまり、仮に今期の売上が1億円に届かなかったとしても、「君なら売上1億円を達成できる」と社長が信じていることを意味します。

期待をベースに社員と接する社長と信頼をベースに社員と対峙する社長。

どちらの社長の下で、社員が成長できるのかは自ずとご理解いただけるかと思います。

「過去に実践したことはいったん忘れましょう」と申し上げるのは、その背景に過去は社員に何らかの期待を抱いていませんでしたかという問いかけがあります。

社長が心の中で期待を抱くのは自由です。けれども、その期待を基準に社員を評価することは、社員への依存につながります。そして、依存は相手の依存を呼ぶので、依存を感じ取った社員が、逆に「自分はこれだけ頑張ったのだから、もっと給料が上がるべきだ」という勝手な期待を抱きます。そして、これは社員が会社に依存することを意味します。

社長の自立を目指すなら、過去に実践したことはいったん忘れて、信頼をベースに社員と向き合いましょう。

## （2）一人の人として敬意を示す

一人の人として敬意を示すには次の３つがポイントになります。

①　**社員の人としての可能性を信頼する**
②　**一時の感情で社員を叱責せず、改善を促す**
③　**社員を大きな愛情で包む**

先に社員に期待するケースと社員を信頼するケースの違いについて書きましたが、社長といえども、社員のすべてを知っている訳ではありません。

入社の際、履歴書を書いてもらったり、面談したりして、社員の人となりを確認します。しかしながら、採用に多くの労力を割いたとしても、一個人のすべてを把握できるわけではありません。

また、入社時には優秀だと思って採用しても、その後は今一つだったり、逆に、入社の際はそれほど印象に残らなかったけれど、後に会社を支える幹部社員に成長したりする人もいます。

このあたり、社員を雇っておられる社長さんであれば、数々の成功例や失敗事例をお持ちかと思います。

しかしながら、その根本に、「人としての可能性を信頼する」があるかどうかで、その後の結果は大きく変わってきます。

社長にもいろいろなご経験があるように、社員もそれぞれの人生の中で、様々な経験を経て現在に至っています。そして、社内においては、社長と従業員というように、役職による違いはありますが、突き詰めていくと、そこに人としての上下関係はありません。

そのような中、

社長が相手に敬意をもって接しているか

社長が相手に敬意をもたずに接しているかについて、社員は確実にかぎ分けています。

言い換えれば、等価価値交換型としてできるだけ働かせようとしているのか、共同プロジェクト型として、尊重しながら仕事を進めようとしているのか、について、社長が意識している以上に、社員は感じ取っているということです。

最近も、あるプロジェクトで、リーダーの方から報告書を取りまとめてほしいというご依頼がありました。

昨年、オブザーバーとして私が参加した際、業務の進め方について、改善点がいくつかあったので、参考意見を述べたことがありました。このため、そのリーダーから、「今回はぜひお力を借りたい」というお申し出があったのです。

そこで、そのプロジェクトに参加しているメンバーの方々のご協力をいただきながら、私の方で報告書を取りまとめて、提出しました。

その後、メンバーの方から「ありがとうございました」「お疲れ様でした」というメッセージをいただいたので、私もその仕事をお引き受けして良かったなぁと思っていたのです。

けれども…。

私としては、その仕事を共同プロジェクト型だと認識して進めていました。しかしながら、よくよく振り返ってみると、私に仕事を依頼されたリーダーの言動から推察するに、本人は単に「面倒な仕事を私に押し付けただけなのかも」と感じるシーンがいくつかあったのです。

あるツールを使って共同作業を行ったが、リーダーの人はなかなか参加してくれなかった

報告書の確認を全員にお願いしていたが、リーダーの人は期限までに読んでいないようだった

一度全員で確認したこととは違う内容の連絡を送ってきた

もちろん、リーダーの人は単に忙しかっただけかもしれません。そして、ご本人としては、私に面倒な仕事を押し付けたつもりは毛頭ないのかもしれません。

けれども、いくつかの事象が重なってくると、実際に仕事を依頼された方からは、「面倒な仕事を他人に振っているだけなのでは?」と思われることがあるということです。

この事例は、会社内での事例ではありません。また、そのリーダーと私との間で雇用関

係はありません。このため、社長と社員との関係には直接当てはまりません。

しかしながら、構造として、

ある仕事を他人に頼む

⬅

頼んだ方はその後、その仕事に関心が薄いように見える

⬅

仕事を頼まれた方は「仕事を無理やり押し付けられた」と感じる

という構造は、会社内でもよく起こっています。

もし、相手に敬意を感じて接しているなら、それを言動で示さないと、相手には伝わらないのです。

人は「感情⬇思考⬇行動」のプロセスに沿うという観点から考えた場合、社長が社員に怒りをぶつけるのはどのような時でしょうか。

大切な商談を社員の準備不足でぶち壊してしまった

うっかりミスでお客様に迷惑をかけた

「明日の朝まで」という期限で頼んだ仕事が全然できていなかった

人はある事象に対して感情が大きく動いた時に、それが怒るという行動につながることがあります。

「大事な商談だから、準備をちゃんとやれよ」と指示していたのに、資料がお粗末すぎて契約に結び付かなかった場合、人によって怒る理由は様々です。

社員が自分の指示を守らなかった

1、000万円の売上が上がると思っていたのにあてが外れた

Aさんではなく、Bさんに頼めば良かった

社員をあてにせずに、自分でやれば良かった

社長が直接動けば上手くいくことでも、社員に任せたことで上手くいかないことがあります。

この場合、社長から依頼された仕事をきちんとできなかった社員にも問題がありますが、最終的には任せた社長にも責任があります。

この状況を改善するには、どこに問題があるかを特定する必要があります。

社員の能力に関する問題
社内コミュニケーションの問題
社内における権限委譲の問題
会社の業績の問題

これらの要因のうち、社長が自分の感情のおもむくままに社員に怒りをぶつけても、解決する問題は１つもありません。

もちろん、社長からこっぴどく怒られたことで、社員の目が覚めて、仕事への取り組み姿勢を変えることで、会社の業績向上に貢献したというケースはあるかもしれません。けれども、それは、たまたま、自分のミスで会社に迷惑をかけたことが、その社員の琴線に触れたことで、思考が変わり、行動が変わったというだけで、社長の感情の表現方法が適切だったことにはなりません。

ポイントは、あくまで満足できない現状を改善するには何が一番適切なのかを冷静に見極めた上で、社長が行動することです。

社員に対して怒ることが悪い訳ではありません。社長が怒るポイントに一貫性があるかどうか。

この点、いつも社員に対して怒りをぶつけている会社の場合、社員は「また、始まったよ」という感じで、嵐が過ぎ去るのをずっと待っているケースが多いです。

つまり、「今日は社長の機嫌が悪いから朝から怒鳴りちらしている」と社員が思っているので、社員の行動変容に結びつかないのです。

一番良いのは、会社の経営理念に反する行動が起きた時にのみ、きちんと怒ることです。

心意気経営を実践していれば、会社の経営理念は社長の心意気ともリンクしています。すると、社長は自分の心意気に反するものに対しては、モヤモヤするので、時には怒りの感情と結びつくというのを自覚できるようになります。

社長も人の子なので、時には機嫌が悪いままに、社員を怒鳴ってしまうこともあるかもしれません。

その時、自分の心意気を言葉として自覚していれば、「だから自分は今腹が立っているのだ」ということを客観的に見ることができます。そして、それを踏まえた上で、改善につなげるために何をしたら良いかという思考に繋げられるかどうか。

ご自身が短気な性格だと思っておられる社長の場合は、最初は難しいかもしれません。けれども、心意気経営を実践していれば、だんだんと思考を使って冷静かつ効果的な行動が取れるようになります。

ところで、弊社のクライアントさんの中にも、社員からは「社長はいつも怒っている」「社長は怖い人だ」と思われている方もおられます。

けれども、第三者である我々から見ると、たしかに仕事には厳しいけれど、本当は社員に対して、とても愛情を持っておられる方が多いのを感じます。

しかしながら、その表現方法があまりお上手ではないために、厳しい側面ばかりが社員の印象に残って、その真意が上手く社員に伝わっていないのです。

このあたりの調整役を本来は幹部社員の方が担うのがベスト。

「社長はあんな風に怒っていたけれど、その真意はこういうことだよ」ときちんとフォローアップできれば、会社の風通しも良くなります。

けれども、そこまで幹部社員が育っていない会社の場合、「社長はあんな風に怒っていたけれど、いつものことだから気にしなくて良いよ」といったように、社員に擦り寄る形でフォローしたりすると、かえって社長の真意や意図が伝わらないこともあるので、注意が必要です。

このような微妙なニュアンスが社内に伝わるには、ある程度時間がかかります。

それゆえ、社長に実践して欲しいのは、自分の心意気を自覚した上で、自分の感情の赴

くままに怒っているのではなく、

心意気に反するから改善のために怒っている

社員に成長して欲しいから怒っている

というのをセルフチェックすることです。

子供でも自分が悪いことをして叱られた時は、「これはやっちゃいけないんだ」とちゃんと理解します。また、「これは自分のために叱ってくれているんだ」という場合と、「単に本人の機嫌が悪いから叱っているんだ」という場合の違いは叱られた方には伝わっています。

## （3）社員が育つ場を整える

社員が育つ場を整えるには次の3つがポイントになります。

① **売上を安定させて、心と時間に余裕を持つ**

② **最終的な責任を負わせずに、一定の仕事を任せる**

③ **目標へのプロセスを示して、少しずつ負荷を増やす**

人が育つには時間がかかります。今月末の支払いができるかどうか心配だという時に、社員をじっくり育てている余裕はありません。このため、社員が育つ場を整えるという場合、まずは

売上を安定させる

⬅資金繰りを安定させる

⬅社長が心と時間に余裕を持つ

ことが基本になります。

この点、どのくらいの安定があれば、社長自身が心と時間に余裕を持つのかは人それぞれです。

あるクライアントさんは、私から見ると、資金繰りに余裕があるように感じるのに、とても焦っておられました。当時はまだお子さんも小さかったので、「なんとかもっと早くお金を増やしたい」という気持ちが先行していたのだと思います。

そのクライアントさん。ある時、奥様から「子供の成長に合わせて考えてみれば」と言

われて、すっと肩が楽になりました。すると不思議なことにいくつかの案件が立て続けに決まり、結果的には考えていたよりも早く儲けが出ました。

このクライアントさんの場合、当面の資金繰りは問題なかったのに、目先の現金ばかり追っておられました。しかし、「子供が成人するまであと10年以上はある」と思って、「10年で1億円を稼ぐにはどうすればよいか」と考えを切り替えたことで、選択肢が大幅に広がったのです。

手元に1億円あっても不安な社長もいれば、預金残高が6桁になっても、どっしり構えている社長もおられます。

しかしながら、いずれの場合であっても、社長自身に心と時間の余裕がないと、なかなか育たない社員に対して、ついつい苛立ちを覚えます。

このため、社長がまずご自身でできることとしては「お金に対して気持ちが揺らぐ上限と下限を把握する」ことです。

ある時、「社員がなかなか育たないので、何とかしたい」というご相談がありました。その後、いろいろとお話をお伺いする中で、その会社では、なぜ社員が育たないのかについて、私の中である仮説が浮かんできました。

その会社では、社員が仕事に関する提案を行って、「これは良さそうだ」と役員の中で判断した際、提案した社員に「じゃぁ、君これやって」と任せることが行われていました。

このこと自体は特に問題はありません。何かしらの提案を行う社員はやる気もあり、仕事に前向きなので、提案者に任せることはよくある話です。

問題はその後。新しいことに挑戦した場合、必ずしも上手くいくとは限りません。特に難易度の高い仕事であればあるほど、最初は期待していたほどの成果が出ないことがあります。

そして、その会社では、提案に基づいて何か新しい取り組みを始めたのに、当初計画通りの成果が出ていなかったりすると、いろいろといちゃもんをつけ出す社員がいて、そのうち、推進責任者に対して、「自分で言い出したのだから、責任を取りなさい」というようなことがよく言われていたのです。

「仕事を任せる」といった時、人によって言葉の定義が違います。

仕事である以上、

目的
内容
期限

やり方

など、様々な要素があります。

そして、仕事を任せた方と任された方との間では、誰がどこまでの責任を負担するのかが曖昧なまま、上司が部下に「仕事を任せた」と言っているケースが少なくありません。

この点、最近の若い人は失敗を恐れる傾向が以前よりも大きくなっていると言われています。

したがって、「もし、期限までにこの内容をクリアできなければ、君に責任を取ってもらう」ということだと、「それならやりたくありません」と言われかねません。

社員が成長するにつれて、一定の権限を与える代わりに、一定の責任を負ってもらうことは必要です。特に将来の幹部候補と考えている社員であれば、早い段階で権限と責任は表裏一体の関係にある事を分かってもらうのがベターです。

しかしながら、最初のうちは最終的な責任は社長なり上司が負うから、「まずはやってみよう」という姿勢で望んだ方が、社員の自信につながります。

先の会社の事例では、最終的な責任の所在が曖昧なまま、提案者に仕事を任せ、後から文句を言う流れがあったために、社員の成長を止めることにつながっていました。

社員に仕事を任せても、最初のうちは失敗することもあります。その際、その失敗を成長の過程と捉えて、必要以上に批判せず、小さな成功体験をどれだけ積ませるか。

ここは任せる側の忍耐力と度量の大きさが問われます。

私がサラリーマンだった頃、上司からの仕事の無茶ぶりや丸投げは日常茶飯事でした。

そして、社長としてご活躍中の皆さんも、若い頃は仕事の無茶振りや丸投げの中で育ってきたという方も多いかと思います。

中には「自分もこれで仕事を覚えた」ので、「社員を成長させるには多少難しくても、無茶振りや丸投げした方が良い」と考えている方もおられるかもしれません。

けれども、気をつけなければならないのは、自分が経験して良かったと感じていることが、別な人にとって、良い方法だとは限らないこと。

そして、社長になる人にとって良かったと感じている方法が、社長になるつもりのない人にとっては良くない方法となりうることです。

あるクライアント先で、仕事がよくできる社員に対して、部長が「今度君を課長に昇格させたい」と言ったところ、社員からは「課長になるのなら、私は会社を辞めます」という回答が返ってきました。

私などは、会社から認められて早く出世したいと思って、毎日仕事をしていました。課長になれば、当然給料も上がるので、「今度君を課長に昇格させたい」と言われたら、「ありがとうございます！今まで以上に頑張ります！！」と即答していました。

けれども、価値観の多様化が進んでいる中、多少給料が上がっても、面倒な仕事が増えて家に帰るのが遅くなるくらいなら、昇格しなくても良いと考える人もいるのです。

先にも会社経営は確率論であると書きましたが、

仕事を無茶振り・丸投げして社員が成長する場合

仕事の目標へのプロセスを示して、少しずつ負荷を増やすことで社員が成長する場合

のどちらがより上手くいくかを社長は冷静に見極める必要があります。

優秀で意欲の高い社員が大半を占めている場合は、前者の方が上手くいくかもしれません。けれども、多くの中小企業では、

無茶振りした結果、途中で仕事が止まってしまった

丸投げした結果、会社が求める基準を下回る仕事になった

ことが多いです。

最初は余計な手間がかかっても、少しずつステップを踏ませた方がかえってトータル的

(図 12)

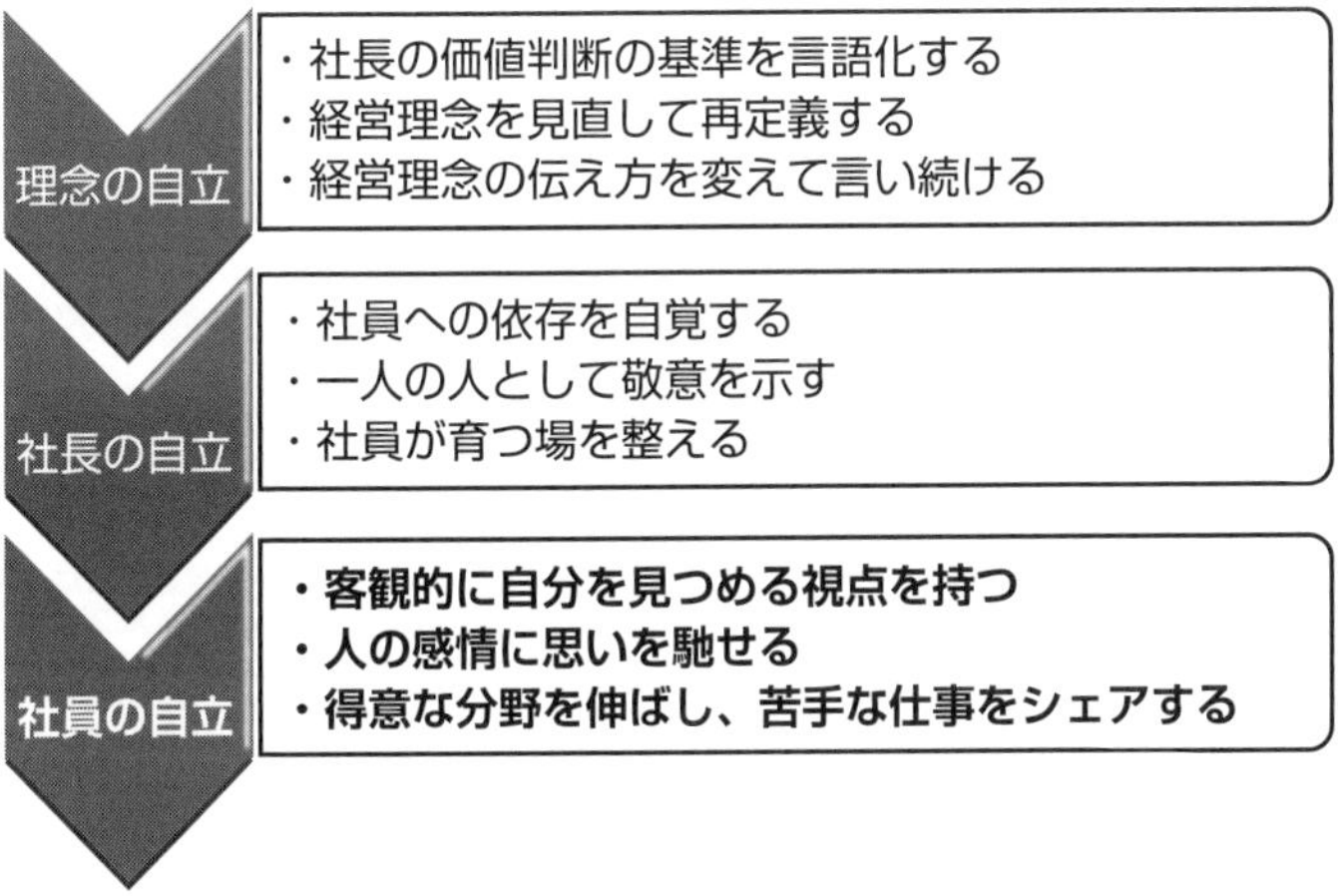

| | |
|---|---|
| 理念の自立 | ・社長の価値判断の基準を言語化する<br>・経営理念を見直して再定義する<br>・経営理念の伝え方を変えて言い続ける |
| 社長の自立 | ・社員への依存を自覚する<br>・一人の人として敬意を示す<br>・社員が育つ場を整える |
| 社員の自立 | ・**客観的に自分を見つめる視点を持つ**<br>・**人の感情に思いを馳せる**<br>・**得意な分野を伸ばし、苦手な仕事をシェアする** |

な時間を減らすことにもなります。

## 社員の自立

理念の自立と社長の自立は、いわばお膳立ての部分。主に社長が主体的に仕掛けをすることで、自立につなげるステップです。

この点、社員の自立のステップは、やはり社長として仕掛ける必要はあるものの、進めていくには、理念の自立や社長の自立と比べると、社員の行動変容によるところが多くなってきます。

以前「社長はどこまでお膳立てすればいいんですかね」とぼやいている社長さんがおられました。

「笛吹けど踊らず」ではありませんが、社長がどんなに一生懸命お膳立てをしても、社員がその意図に沿って行動を変えるとは限りません。けれども、1つ確実に言えるのは、何もお膳立てをしないのに、社員が自然に行動を変えることはないということです。

そして、第3ステップの社員の自立は、次の3要素から成ります。（図12）

（1）客観的に自分を見つめる視点を持つ
（2）人の感情に思いを馳せる
（3）得意な分野を伸ばし、苦手な仕事をシェアする

## （1）客観的に自分を見つめる視点を持つ

①**質問の仕方を変えて、気づきを得る**
②**具体的事例➡抽象化のプロセスを体感する**
③**抽象的概念➡具体的解決策のプロセスを体感する**

世の中には正解のある問題と正解のない問題があります。

学校で勉強するのは正解のある問題なので、テストを行うことで、理解度を確認するこ

とができます。一方、仕事で直面する問題は、必ずしも正解がありません。

会社として決めているルールがあって、「この仕事はこのマニュアルに従ってやってほしい」という場合もあります。しかしながら、このマニュアルが制定された背景はバラバラです。

「以前からずっとこのやり方でやってきた」という場合もあれば、「会社の経営理念に沿ってこれが一番良い方法だ」というケースもあります。

以前からのやり方をそのまま踏襲している場合、社内では誰も見直していないので、そのやり方がなんとなく会社における正解になっていることがあります。

また、社内で何回も議論を重ねて「これが一番良い方法だ」となったやり方も、会社を取り巻く環境の変化によって、１年前までは正解だったけれど、今は必ずしも正解でないこともあります。

つまり、学校の勉強と違って、会社の仕事は大半が正解のない問題です。

この状況を踏まえると、質問の仕方も自ずと変わってきます。

質問は質問する側の観点から分類すると、
質問する側が正解を知っているケース

質問する側が正解を知らないケース

に分かれます。

そして、前者の質問する側が正解を知っているケースも、質問する側の意図によって

正解を教えるための質問
正解を相手が考えて、自分で正解を見つけてもらうための質問

に分かれます。

したがって、社長と社員との間で交わされる質問は、

社長が正解を知っていて、社員に正解を教えるための質問
社長が正解を知っていて、社員に正解を自力で見つけてもらうための質問
社長が正解を知らないので、社員に正解を教えてもらうための質問

に分かれます。

最後の「社長が正解を知らないので、社員に正解を教えてもらうための質問」は最新スマホの使い方など、社長が教えを請うようなことなので、特に問題はないかと思います。

社員の自立の観点で問題となるのは、

社長が正解を知っていて、社員に正解を教えるための質問

社長が正解を知っていて、社員に正解を自力で見つけてもらうための質問

の使い分けです。

後者は「発問」と呼ばれており、正解をすぐに教えるのではなく、社員が自分の頭で考えることにつながるので、コーチング的な要素が含まれます。

このため、質問して、相手が「分かりません」と答えた後、すぐに答えを教えるやり方よりは、ベターです。

一方で、前述の「会社の仕事は大半が正解のない問題である」ことを踏まえると、社長が「これが正解だ」と思っていることがあっても、その正解は必ずしも正解ではないかもしれないということを頭の片隅に入れておくことが肝要です。

特に、数からすると、圧倒的に多いのは、「社長が正解を知っていて、社員に正解を教えるための質問」です。

社長が質問して、社員が「Ａです」と答えた時に、「そうじゃないＢだろう」といったように、社長が考える正解をすぐに教えるような会話が続くと、やがて社員は自分で考え

るのを止め、社長が正解を言うのを待つようになります。

このような場合、もし、社長が考える正解とは違う「Aです」という答えが返ってきた場合、「なぜ、Aと思うのか教えてくれる?」といったように、発問的な方向に切り替えられるかどうかが鍵になります。

質問の仕方によって、相手の反応は大きく変わってきます。正解がない問題を社員が自分の頭で考えて、自分なりの正解を見つけられるようにするには、質問の仕方に知恵を絞りましょう。

VUCAの時代と言われている昨今、ビジネスパーソンに必須の能力は**メタ認知力**です。

メタ認知力とは自分の認知を客観的に捉えることで、自分自身をコントロールし、冷静な判断や行動ができる能力のことです。

この能力を鍛えるには、

具体的な事象➡抽象的な要素

抽象的な要素➡具体的な事象

の2つの側面から手を打つことが必要です。

具体的な事象を抽象的な要素として捉えることができないと、事象が変わるたびに、一から答えを探さなくてはなりません。

この時のポイントは、モノゴトを構造の中で把握できるかどうかです。

社長は社員に対して「考えて仕事をしろ！」とよく言います。けれども、この「考えるための土台」ができていないと、何をどう考えれば良いかよく分からないという状況に陥ります。

また「他社の好事例を参考にしよう」と指示されても、ものごとを抽象化して構造をとらえるクセがないと、上手くいきません。

以前あるクライアントさんで「同業他社が毎日朝礼をやって成功しているので、ウチでもやっています」ということがありました。

けれども、よくよくお話をお聞きすると、「他社が朝礼でどんなことをやっているから、業績アップにつながっているのか」という構造が分からないまま形式的に朝礼をやっていたため、期待したほどの効果が出ていなかったのです。

朝礼で経営理念を復唱している

朝礼で今日やるべきことを確認している

朝礼で社員のモチベーションを上げている

といったように朝礼でいろいろなことに取り組んでいる会社も多いかと思います。

しかしながら、社長だけでなく社員が朝礼をやることで会社の業績がアップする構造を分かっていないと、

単に経営理念の字面を追っているだけ
自分の仕事の内容を上司に言っているだけ
大きな声を出して元気なふりをしているだけ

になりかねません。

ある経営者は仕組み化の要諦は、

事業全体を見せること
メンバーが自発的に学べる環境をつくること

と言われていました。

まさに、

構造の理解なくして思考なし
⬅
思考なくして仕組み化なし
⬅
仕組み化なくして業績アップなし

です。

もし、「ウチの社員は何も考えないで仕事をしている」と日頃感じておられるのであれば、まずはモノゴトを抽象化して構造をとらえるクセをつけることを意識しましょう。

次に、抽象的な要素から具体的な事象に対応すること。

会社経営に直接携わらない学者であれば、具体的な事象をたくさん検証して体系化し、抽象的な要素を見つけ出し、研究論文を書けば一定の評価を得られます。

しかしながら、社長を始めとするビジネスパーソンの場合は、仕事の中で、具体的な事象に日々対応することが求められます。

そして、社長の指示や発言の中に抽象的な要素が含まれていた場合、社員が上手に具体的な事象に落とし込むことができないと、齟齬が生まれることがあるので、注意が必要です。

## (2) 人の感情に思いを馳せる

① **「感情⬆思考⬆行動」の順番で分析する**
② **相手の感情が動くポイントを想像し、創造する**
③ **自社商品の機能価値と感情価値を言語化する**

社員が仕事で力を発揮するには、一人ひとりの社員が

経営理念を理解すること
経営理念に沿って行動すること

が求められます。

そして、仕事においては、

お客様に対応する場合
他の社員に対応する場合

のいずれであっても、他の人が絡んでくることで、少し複雑になります。

つまり、社員が自分は経営理念を理解し、それに沿って行動していると思っていても、お客様や部下がそのようには感じないことが往々にして発生するのです。

このため、各社員も人の感情に思いを馳せることが肝要になってきます。

この点、社長がご自身の感情と紐づけて心意気を言語化し、自分自身が「感情➡思考➡行動」に沿って動くことで、人の感情に思いを馳せられるようになったのと同じく、社員の心意気を言語化するのはベストです。

しかしながら、現実問題として、社員数が多いと、全社員の心意気を言語化するにはかなりの労力と時間を必要とします。

そこで、私たちがお勧めしているのは、

行動➡思考➡感情

という順番で、分析するという訓練を重ねることです。

例えば、ある商品をお客様にセールスしたのに、そのお客様は商品を買ってくれなかったとします。

この場合、

行動：商品を買わなかった

です。

買っていただいたお客様にはアンケートにご協力いただいて

思考：なぜ買おうと思ったのか

感情：その時どのような気持ちだったのか

を知ることができます。

しかしながら、商品を買ってくれなかったお客様の場合、アンケートにご回答いただけるとは限りません。また、仮にアンケートを書いていただいたとしても、本音を教えてくれるとは限りません。

したがって、この場合は会社が想像を膨らまして、

思考：なぜ買わなかったのか？

感情：その時どのような気持ちだったのか？

を掘り下げていく必要があります。

値段が高かったのか。最初から買う気はなかったのか。買う気はあったけれど、今はお金がないからなのか。

価格やお金に関することでも、いろいろな要素があります。そして、最初から理想のお客様に出会うとは限らないので

本来対象とはならないお客様にセールスしていたにもかかわらず、

値段が高いから売れなかったと判断する

⬅

値段を下げれば売れると判断する

⬅

商品の値段を下げる

といったループに入ってしまうと、値段は下げても商品は売れずに資金繰りにも影響を与える恐れがあります。

この点、商品を売る前にコア・バリューをハッキリさせておくことが肝要です。けれども、仮にコア・バリューを定義して、理想のお客様にアプローチできていても、お客様の感情がどこで動くのかは一人ひとり違います。

このため、現場の最前線に立つ社員は

行動：商品を買わなかった

⬆

思考：なぜ、商品を買わなかったのか？

⬆

感情：その時どのような気持ちだったのか？

について、アンテナを貼って感度をよくしておく必要があります。

この訓練は一回やればそれで終了というものではありません。商品が売れなかった時に、説明の仕方を変える、商品のパッケージを変える、売り方をリアルからオンラインに変える、といったように、いろいろと試行錯誤を繰り返す中で、会社としての正解を見つけ出す必要があります。

先日ちょっと高級な靴下を販売している会社がテレビで紹介されていました。その靴下は特殊な技術を使って冷えを防止する機能があるのですが、その分お値段がちょっと高めです。

このため、スーパー等に並べてしまうと、他社商品と比べて割高感が出てしまうという課題がありました。値段が高いにはそれなりの理由があるのですが、その違いがお客様に伝わらないと、単に割高な靴下に見えてしまうのです。

そこで、その会社が考えたのが、通販に力を入れること。百貨店やスーパーで担当者が直接セールスするという方法もありますが、それだと人件費もかかるし、一気に全国展開することはできません。

けれども、通販で商品の機能や特徴を詳しく説明したカタログと一緒に説明すると、日頃冷え性で悩んでいる人が「これなら買ってみよう」ということになりました。

つまり、

感情：冷え性がなくなれば嬉しい

⬇

思考：多少値段が高くても良いかも

⬇

行動：商品を買う

という流れです。

そして、だんだんと買ってくれるお客様が増えると、お客様の声を上手く活用すること

で、

感情：みんなが買っているから安心

⬅

思考：評判も良いので、お得な商品かも

⬅

行動：商品を買う

という流れにつながって、ヒット商品になりました。

お客様の感情が動くことで、値段に対する考え方も「割高かも」➡「割安かも」に変わります。すると、行動も変化して、「買わない」➡「買う」になります。

このあたりの相手の感情の機微に触れられるかどうかは、日頃から「行動➡思考➡感情」で考える癖をつけておくことが効果的です。

「行動➡思考➡感情」を、

行動➡思考

思考➡感情

に分けてみると、より難しいのが、

思考⬇感情

です。

「行動⬇思考」については、場合分けをして論理的に考えていけば、ある程度「こうではないか？」と答えを推測できます。

先のお客様が商品を買ってくれなかった場合で言えば、

商品
お客様
会社

と分類し、商品なら

価格
性能
デザイン

といったようにさらにブレイクダウンしていけば、

「デザインが気に入らなかったから」

といった項目が浮かび上がってきます。

けれども、気に入らないデザインをどう変えれば売れる商品になるのかを見極めるには、お客様がそのデザインを見てどう感じたのかを掘り下げる必要があります。

デザインが古くさい⬇格好悪い⬇そんな商品を持っていたら、流行遅れで恥ずかしいと感じる人もいれば、

デザインが古くさい⬇格好悪い⬇そんな商品を持っていたら、目立つので嫌だと感じる人もいます。

表面的な理由は同じであっても、人によって何が嫌だと感じるかは違います。

流行遅れで嫌な人はもっと最新の格好良いデザインに変えれば買ってくれるかもしれません。

一方、目立つのが嫌な人は、ライバル商品と似たようなデザインだったら買ってくれる

かもしれません。

この時に大切なのが、お客様の感情に振り回されて、相手に擦り寄らないことです。

会社としてはできるだけたくさん商品を買ってほしいと考えるので、「あの要望にも対応したい」「この感情にも応えたい」となりがちです。

けれども、すべての感情を満たそうとすると、結局中途半端な商品になってしまい、あまり売れない商品になってしまう恐れがあります。

したがって、お客様の感情が動くポイントを想像しつつも、自社商品の改善や新商品の開発に活かす際には、商品のコア・バリューに立ち戻って創造することが必要です。

この点、大企業に比べると、中小企業の場合、事業を継続していくために必要な売上高は少なくて済みます。

それゆえ、社長の心意気をベースにして、「その心意気に合わないお客様には買ってもらわなくても良い」くらいの気持ちで望んだ方がかえって上手く行きます。

そこで、我々がお勧めしているのは、商品の

機能価値

感情価値

を定義して、社員にも徹底することです。

感情価値として「この商品を買ってもらうことで、ほっとする時間を増やしてほしい」ということであれば、「このデザインを古くさいから恥ずかしい」と感じる人は、最初からお客様として対象外である可能性があります。

理想のお客様を考える時、たいていは機能価値から考えます。

この商品を使うことでこんなことができます

この商品を使うとこんなお悩みを解消できます

という形で、対象となるお客様を絞っていくわけですが、お客様が抱えている悩みを解消したり、問題を解決したりした後、どのような気持ちになってほしいかまではなかなか規定していません。

そこで、機能価値から一歩踏み込んで、

お悩みの解消⬇ホッとする

問題解決⬇嬉しくてワクワクする

みたいなところまで予め会社として、頭に入れておいた方がベターです。

なぜなら、会社が「この商品を買ってもらうことで、こんな気持ちになってほしい」と思いながら、お客様に接していれば、その思いは通じる人には通じるからです。

この点、社員が常に同じような姿勢で仕事を続けていれば、その思いが通じないお客様は自然と離れていき、その思いに共感するお客様がだんだんと増えてきます。

時に昨今は似たような商品がたくさんあるので、機能価値だけでは選ばれる理由にはなりません。

差別化できるとすれば、感情価値の部分です。

そして、心意気経営においては、

社長の心意気をベースにコア・バリューを決める

社員も社長の心意気に共感している

ことがベースになっているため、会社の中で一本筋が通っています。

すると、お客様から見たときに変わらない安心感があるので、共感を生みやすいという特徴があります。

そのためには、見えないがゆえに普段はあまり意識していない感情価値を言語化して、常に意識しておくことがポイントになります。

## （3）得意な分野を伸ばし、苦手な仕事をシェアする

① **やるべき仕事とやらなければならない仕事を整理する**
② **人に助けてもらう仕事の内容を明らかにする**
③ **進捗状況を把握し、期限までに目標をやり遂げる**

会社の仕事を社員の観点から見て
社員としてやりたい仕事かやりたくない仕事か
社員の得意な仕事か苦手な仕事か
で分類した場合、一番効果が薄いのは、
社員がやりたくない仕事&苦手な仕事
です。
そして、一番効果が大きいと考えられるのが

　社員がやりたい仕事＆得意な仕事

です。

　一方、会社の仕事の中には社員の希望や能力に関係なく、優先して取り組まなければならないものがあります。

　したがって、仕事と社員との組み合わせで言えば、

　会社として重要度の高い仕事をその仕事が得意でかつやりたいと思っている社員に任せる

ことがベストです。

　けれども、実際には会社として重要度は高い仕事だけれど、社員の中でそれを得意な人もいなければ、それをやりたいと思う人もいないということが起こります。

　この場合、ベストの選択はできないので、ベターな選択で仕事を任せざるを得ません。

　その仕事を得意ではないが、やりたいと考えている社員

　その仕事を得意ではあるが、やりたくないと考えている社員

社長としては、仕事の品質を保つために、後者の
その仕事を得意ではあるが、やりたくないと考えている社員にその仕事を任せるケースが多いのではないでしょうか。
けれども、社員の自立を達成したいのであれば、前者の
その仕事を得意ではないが、やりたいと考えている社員に任せた方がベターです。
なぜなら、伸びしろが大きいからです。
会社として仕事の品質に関する基準が定まっていれば、会社が求める会社の品質の基準と社員の現在の実力で達成できる基準との差は、その社員が埋めるべき課題になります。
そして、その課題を埋める原動力になるのは、その人の「やりたい」という思いの部分です。
けれども、多くの会社では、
会社として仕事の品質に関する基準が決まっていない

その仕事を得意そうな社員に任せてしまうことが多いので、社員が「まぁ、これぐらいでいいか」と自分で判断したレベルの仕事で終わってしまい、それが会社の仕事の品質を下げる要因になっています。

もちろん、いくらやる気があっても、経験が不足しているために、やりたいと手を挙げた人に任せた仕事が、会社として守りたい基準に足りないことがあります。

それでも、多少時間やコストが余計にかかっても、基準に達成するため、任せ続けられるかどうか。

会社として、社員が「どのような仕事にやりがいを感じるのか」を一人ひとり把握して、上手く割り当てられるのがベストです。

けれども、それを実現するのがすぐに難しい場合には、会社として重要度の高い仕事に関して、社員が「それならやってみたい」と感じるように情報発信し続けることが肝要です。

次に、仕事の内容によっては複数の人が協力しないと、実現できないことがあります。その時、大切なのは、いかにして早い段階で「ヘルプ」を出せるかです。

真面目な人は自分で仕事を抱え込むことがあります。この場合、その人の能力が高くて、最終的にきちんと仕事が仕上がれば問題ありません。

けれども、昨今は新型コロナウイルスに感染したから、責任者が2週間出社できなくなったというように、本人はやるつもりであっても、物理的にやれない状況が発生したりしています。

その際、時間的な余裕があれば良いのですが、能力の高い人が締め切りギリギリまで手をつけていなかった仕事を他の社員が引き継いで、大きな混乱が生じたといったこともよくある話です。

会社の場合、仕事はチームとして複数の人が協力しながら進めるのが一般的です。本来はその進捗状況も含めて、会社がタイムリーに仕事の現状とこれからやるべきことを把握できていることが良いと言われています。

けれども、多くの中小企業では、仕事の現況と課題を現場で正確に把握できているのは、ごく少人数の社員だけというのが現実。

このため、各社員には「人に助けてもらう仕事の内容を明らかにする」よう徹底しましょう。

人に仕事を助けてもらうことは恥でも何でもありません。けれども、真面目な人ほど、「これは自分でやらなきゃ」と一人で頑張ることがあります。

そして、古い価値観を持っている社長さんも、「こんなことくらい一人でやって当たり前だ」と日頃口にしていることもあります。

けれども、一人で仕事を抱え込んでしまうのは自立ではなく、孤立。

会社としては、「一人が頑張ったけれど、できませんでした」ではプロとして失格であることを伝えて、人に助けてもらう仕事の内容を明らかにするよう仕掛けを続けましょう。

仕事には必ず期限があります。そして、その期限を守ることがその人や会社の信頼につながります。

そして、期限が決まっている以上、そこから逆算して、

誰が

何を

いつまでに

どうする

を日々確認しながら、仕事を進めていく必要があります。

会社に全社員が毎日出社していた時は、仕事の進捗について

朝礼や夕礼で確認する
営業時間中に課長が部下を呼んで確認する
定例会議で確認する

といった複数の手段がありました。

ただ、この場合でも、1対1で面談してきめ細かくチェックするならまだしも、社員が複数参加する会議などでは、仕事の進捗状況を正確に把握するのは困難です。

このため、リモートワークが進んだ昨今では仕事の進捗状況が一目で分かるシステムなどがいろいろと出ています。

けれども、会社にとって大切なのは、どのツールが一番便利かではなく、期限までに仕事をやり遂げるという会社の姿勢です。

以前私が社会人になって、初めて営業に出た時に、取引先にお金を貸すために貸出申請書を書くという仕事がありました。

取引先が月末の支払いのために、1、000万円のお金が必要という場合、遅くても月末当日、できればその前営業日までに決裁を取って融資を実行しなければなりません。

1、000万円の融資であれば、支店長決裁でOKでしたが、貸す金額が大きくなると、本部の承認が必要になります。このため、この案件は誰の決裁が必要かを頭に入れて、融資実行予定日から逆算して、資料を揃え、申請書を書く必要がありました。

関係する人が多くなると、当然のことながら、進捗状況を把握するのがより複雑になります。また、こちらは急いでいるのに、あくまでマイペースで仕事をする人もいます。

しかしながら、銀行としては、こちらのミスや怠慢で融資の実行が遅れ、取引先に迷惑をかけるのは絶対に避けなければなりません。このため、担当者としては、もう少し時間があれば、書類の体裁を整えられるのにとか、もっと申請書に書く意見をしっかり書きたいのにといった葛藤と向き合うことを経験しています。

けれども、最優先に考えるべきはお客様のベネフィット。完璧な申請書はできたけれど、月末の支払いに間に合わなかったというよりは、多少文章の表現は稚拙だけれど、決裁をもらって月末の支払いに間に合わせることが仕事の優先事項でした。

進捗管理はあくまでお客様との信頼関係を維持し、次の信頼につなげるためです。この点、自分の都合を優先して、期限を守らない（守れない）社員は自立していない社員です。

第9章

# 9 「これがええやん」を自然と広げる

## 共有から共感を経て共鳴へ

第5章から第8章で書いたマーケティングやマネジメントに関する部分は勉強熱心な社長さんであれば、一度は聞いたことのある内容かもしれません。ただ、唯一の違いは「心意気」という核の部分があるかどうかです。

弊社のビジョン（理想とする世界）は「一人ひとりが自然体で成長し、その真価を発揮する世界」。

次にミッション（ビジョンを実現するための使命）は「言葉を紡いで会社の品質を上げる」。

そして、バリュー（クライアントに提供できる価値）は「心意気を形にして成長に結びつける」となります。

高い志を持ち、一生懸命働いて価値のある商品を作っても、なかなか売れないことがあります。また、自分が理想とする会社作りに向けて、いろいろと手を打っても、社員が動いてくれないということもあります。

このように孤軍奮闘され、孤立無援の状態から、個立応援（個性が立って、応援され

（図 13）

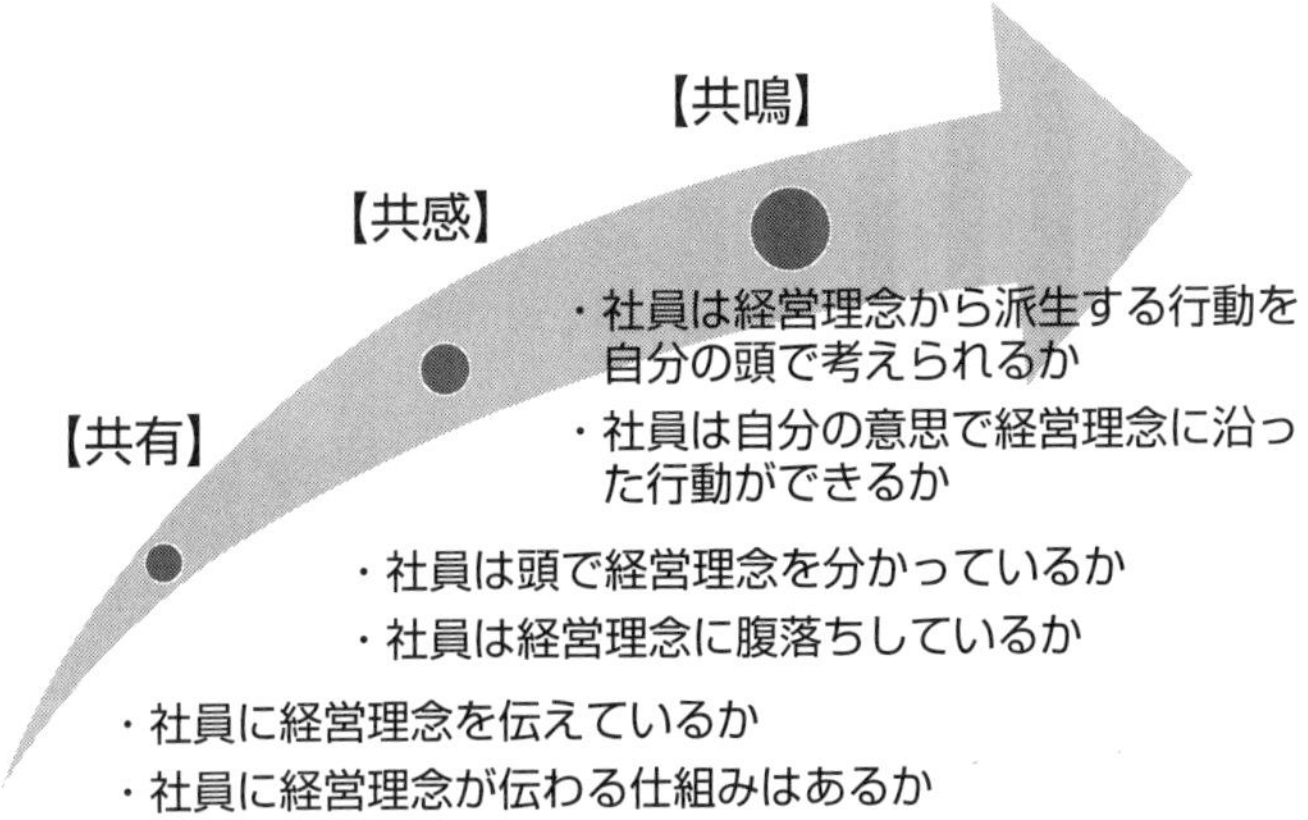
【共鳴】
【共感】
【共有】
・社員は経営理念から派生する行動を自分の頭で考えられるか
・社員は自分の意思で経営理念に沿った行動ができるか
・社員は頭で経営理念を分かっているか
・社員は経営理念に腹落ちしているか
・社員に経営理念を伝えているか
・社員に経営理念が伝わる仕組みはあるか

る）状態へと進化させることが、心意気経営で目指すところです。

このためには、

共有
共感
共鳴

の3つのステップを踏む必要があります。

**共有：言葉で理解して行動する**
**共感：腹落ちして行動する**
**共鳴：腹落ちが自然と連鎖して行動する**

例えば、経営理念と社員との関係で考えた場合は、以下のようになります。（図13）

共有

社員に経営理念を伝えているか

社員に経営理念が伝わる仕組みはあるか

共感

社員は頭で経営理念を分かっているか

社員は経営理念に腹落ちしているか

共鳴

社員は経営理念から派生する行動を自分の頭で考えられるか

社員は自分の意思で経営理念に沿った行動ができるか

実際に社長が望むレベルで社員が行動するには、共鳴レベルに達する必要があります。けれども、それはどんなに優秀な社長であっても、今日から改革を始めて1ヵ月や2ヵ月でできるものではありません。早くても3年はかかります。

「継続は力なり」と言われますが、我々の定義では**「継続の源泉は心意気なり」**です。身の回りに溢れている目先の情報やノウハウに振り回されず、20年、30年先を見据えて事業を続けていくためには心意気が重要です。

どんな理不尽な縛りにも屈せず事業を継続することを前提に自分が力を発揮して自分のやりたいことを売上につなげる。これが心意気経営の肝になります。

人も動物。動物であれば、本能的に弱い者は強い者を恐れるため、「強い者が弱い者を巻き込む」という状況が生まれます。

巻き込む、巻き込まれると表現すると、なんとなく勝ち、負けと連想するかもしれません。

そして、現実社会においては、強い権力を持った人たちが人々の弱みにつけこんで、自分のやりたいことを実現するために、人々を巻き込んでいます。

しかしながら、権力の大小、能力の有無に関わらず、「一人ひとりが自然体で成長し、その真価を発揮する世界」にするには、

**もっと個が立つこと**
**お互いに個を尊重すること**

が求められます。

## 拠り所と仕立てと仕掛け

会社経営においても、「経営理念、戦略、戦術」という言葉がよく使われています。経営理念で「皆の笑顔を実現します」と友好的な表現を使っていても、いざそれを具体的な仕事に落とし込む段階となると、戦略や戦術といったように「戦」という文字が入り、一気に戦闘モードに入ります。

もちろん、会社が事業を続けていくためには、ライバル会社との競争に勝ち抜き、売上を上げる必要があります。このため、「他社に勝つためには」と戦闘モードにならざるを得ない側面はあります。

けれども、人は言葉に影響を受けるので、日頃使う言葉の中で、「戦」という文字が入っていると、どうしても、経営理念とは違う方向に進む恐れがあります。

ある雑誌の対談記事で、有名な女性経営者の方が「自分たちは戦いたいわけではない」といった主旨の話をされていました。

従来の男性中心の世界からすれば「ビジネスは戦いの場だ」という表現はしっくりくるのかもしれません。けれども、女性の視点から見た時に「戦う」ということに違和感があった模様です。

私もその考え方に共感したので、戦略や戦術という言葉を何か言い換えできないかとずっと考えてきました。そして、最近では

経営理念⬇拠り所
戦略⬇仕立て
戦術⬇仕掛け

と言い換えて、お伝えするようにしています。

拠り所をベースに常に仮説を仕立てて、いろいろと仕掛け続けていく。

そこには戦いによる勝ちも負けもなく、理想の世界の実現に向けた軌跡があるだけ。

このような言葉が今後どれくらい浸透するかは分かりません。けれども、人は言葉によって多かれ少なかれ影響を受けます。

自分の伝えたいニュアンスが上手く相手に伝わらない時、言葉を変えて表現するのは有効です。

自分の心意気を言葉にすることで、たとえ今は孤立無援であっても、一人、二人と応援してくれる人が現れて、やがて大きなうねりになっていく。

一人でも多くの方が心意気経営の構造を理解して、愚直に実践を続けていくことがより良い社会実現の礎になると私は信じています。

第10章

# 10 「4つの立ち位置」を知って本領を発揮する

最後におまけとして、心意気経営を実践している中で、クライアントさんにお伝えしていると、すごく評判の良い**「4つの立ち位置」**をお伝えします。

組織の中で人が本領を発揮するには大きく分けると4つの立ち位置があります。（図14）

（1）**機関車型**
（2）**センター型**
（3）**見守り型**
（4）**演出家型**

ざっくり定義すると、

機関車型は、先頭に立って引っ張るタイプ
センター型は、輪の中心で頑張るタイプ
見守り型は、後方から全体を支えるタイプ
演出家型は、舞台下で構想を練るタイプ

という感じです。

どの型が良くて、どのタイプが優秀だということはありません。しかしながら、クライ

(図 14)「4つの立ち位置」とは

「役割」としての立ち位置 VS「意識」としての立ち位置

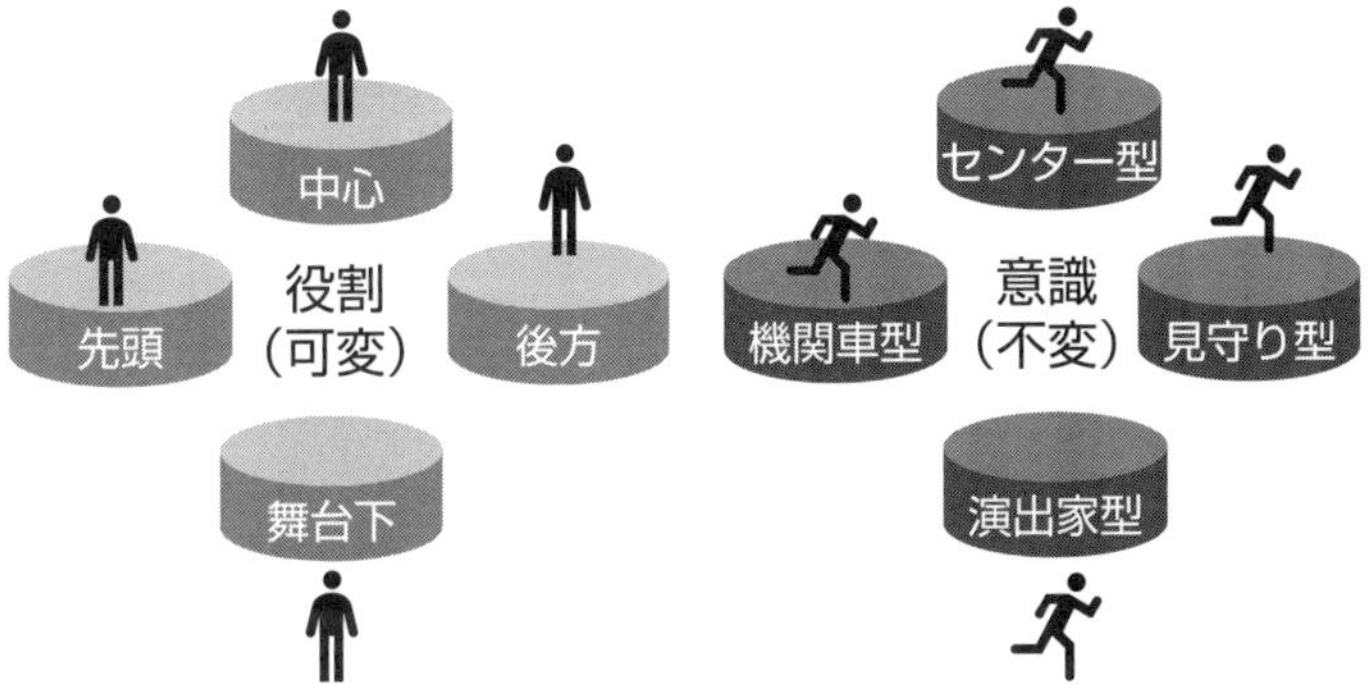

アントさんとお話している中で、「役目として求められている立ち位置と自分が本領を発揮できる立ち位置が違っている」ために、本来の力を発揮できていないケースがあることに気づきました。

例えば、部長として先頭に立って率先垂範する役割を期待されているのに、ご自身が後方で全体を見守るのが得意な場合。社長から見ると、「リーダーシップが足りない」と映ってしまう恐れがあります。

この場合、解決方法はいくつかありますが、一番良いのは「まずは自分が本領発揮できる立ち位置を正確に自覚する」ことです。

と言うのも、先の４つの立ち位置を説明して、「あなたはどのタイプだと思いますか?」と質問して返ってきた回答が必ずしも正確ではないことが多いからです。

実は機関車型で、先頭に立つことで力を発揮できるはずなのに、過去に先頭に立った時に、他人から大きな批判を浴びた経験があったとします。すると、その人はその経験がトラウマになって「先頭に立って仕事をするのは目立つから嫌だ」と思ったりすることがあります。

そこで、「自分は見守り型だ」と誤って認識してしまうと、せっかく先頭に立って力を発揮する仕事が回ってきても、本来の力を発揮せずに終わってしまう恐れもあるのです。

このため、我々はその人の発した言葉だけに囚われないよう気をつけています。

その一例をちょっと掛け合い漫才風に表現してみましたので、ご参考までにお読みください。

「社長が言うには『社員が自走する組織を作りたい』らしいねん」

「それはまさに『演出家型』やないか。演出家っていうのはやね、芝居が始まったら舞台の下から役者の動きを見るっていう立場やねん。芝居が始まるまではいろいろ演技指導もするけれどやね、いったん幕が上がったら、後は役者が自力で頑張るしかないねん」

「でも、その社長は社員が自走し出したら、やたらと文句を言い出すらしいねん」

「えっえー、ちょっと待って。それは『演出家型』と違うやないか。実際に芝居が始まった後に、舞台下から演出家がダメ出ししたら、見ているお客さんも戸惑うやないかー。他、なんか言うてなかったかぁ?」

「その社長が言うにはな、『社員が自分の顔色ばかりうかがっているのは嫌や』と言うねん」

「それは『演出家型』やないか。役者は芝居中には相手役の表情やお客さんの反応を見ながら行動せなあかんねん。役者が演技の最中に演出家の方ばかり気にしとったら、芝居は興ざめやからね」

「でもな、その社長はな、社員が指示通りに動いていても、途中で『俺のやり方と違う！』ってダメだしするらしいねん」

「えっー、それやったら『演出家型』と違うやないかぁ。演出家はやね、練習の時にはいろいろと指導するけれど、本番になったら役者に任せるしかないんよ。たとえ、指導した通りにできていなかったとしても、それは役者のせいじゃなくても、自分の教え方が悪いと思ってなかったら、演出家なんかできないからね。他なんか言うてなかったかぁ？」

「その社長の口癖はね、『会社をもっと大きくしたい！』らしいねん」

「それやったら、『演出家型』やないかぁ。どんなに優秀な社長でも、一人で見られるのはせいぜい30人くらいいって言われているねん。それより社員の数が増えたら、何かしら仕組みを作って仕事を回していかないと、会社は大きくならへんからね」

「でもな、その社長をよく見ていると、どうも社員から好かれたいらしいねん」

「えっー、それやったら『演出家型』ではダメやないかぁ。演出家というのはやね、たとえ役者から嫌われても、最高の芝居を作ってお客さんが喜んでくれることで、初めて評価されるものやねん。お客さんの評価より、社員から嫌われたくないということを優先していたら、芝居の質は落ちるからね」

「それでな、その社長の本音は『社員には自分の期待通りに行動してほしい』ということらしいねん」

「それやったら、『演出家型』より『センター型』やないかぁ。『センター型』はやね、舞台の中心にいて、自ら直接指導するタイプやからね。ここを間違えて提案すると、途中ではしごを外される恐れがあるから、気をつけなあかんよ」

過去の経験や今までの常識、また他者からの期待などが要因となって、人は自分が本領発揮できる姿を自分自身で正確に自覚しているとは限りません。そして、本人の認識が曖昧なのに、第三者がその人の本領発揮できる立ち位置を正しく言語化することは更に難しいです。

しかしながら、我々は今までのクライアントさんとのセッションを通して、先の4つの立ち位置を正しく自覚するには、

自分の心意気を言語化する

⬇

自分のビジョン、ミッション、バリューを言語化する

➡もっとも力を発揮できる姿（セルフ・メンター）から俯瞰することが有効であると分かってきました。

社長がご自身の立ち位置を考える際、また、幹部社員を育成する際の社員の立ち位置を考える際のご参考になれば嬉しく思います。

# おわりに

「最近は自分のやりたいことしかやっていません」

あるクライアントさんからこのようなご連絡をいただきました。

以前はいろいろな制約があってやりたいことを我慢されてきましたが、自分を突き動かす原動力を自覚されてからは、「これからはやりたいことをやろう！」と決断。

ご本人の生き生きとした姿に魅了されるお客様も多く、定期的に開催されているイベントは毎回満員御礼の大盛況。イベントの告知を出すと、すぐにキャンセル待ちになる状況です。

弊社がセッションの中でよく使う質問が

**「何の制約もなければ、何がやりたいですか？」**

です。

皆さんなら、どのように回答されるでしょうか。

ちなみに、私の場合、趣味が乗り鉄なので、「いろいろな列車に乗って旅をしたい」と答えます。

しかしながら、趣味の場合、お金を使うことはあっても、お金を稼ぐことができません。

乗り鉄として稼ごうと思ったら、紀行文を書くとか鉄道雑誌に寄稿するといったことが考えられます。けれども、私の場合、電車に乗ってぼーっとしながら車窓を眺めることに幸福感を感じます。このため、鉄道旅行を何か記録に残すとなると、趣味として楽しめなくなるように感じます。

したがって、趣味の延長線上でお金を稼ぐというのは難しいと考えています。

そこで、最近では先の質問を少し変えて

**「何の制約もなければ、どのような仕事がやりたいですか？」**

と聞くようにしています。

趣味と仕事を比較した場合、

趣味：自分の心を満たす

仕事：他者の懐と心を満たす

仕事は生活を支えるための源泉となるものですが、お客様に価値を提供しない限り、お金をいただけません。言い換えれば、他者の懐か心を満たさない限り、仕事としては成り立たないのです。

趣味は自分一人で完結できます。けれども、仕事の場合は、自分以外の他者が関係してくるため、一人では完結できず、

その人はどのような問題を解決したいのか
その人はどのようなことで心を満たされたいのか

を想像する必要があります。

この点、モノが過剰になって、問題が希少化している世の中においては、お客様が解決したい問題を見つけるのがますます難しくなっています。

つまり、「ウチの商品を使うとこんなことができます」とアピールしても、「他社の商品でもその問題を解決できるけれど…」となることが多いのです。

そして、商品の機能価値だけでは選ばれる理由にはならなくなっています。

そこで、

その人はどのようなことで心を満たされたいのか

を探ることが大切になってくるのですが、実はこれがかなり難しい問題です。

なぜなら、人は一人ひとり感情の動くポイントが違うからです。よりきめ細やかな対応が求められる訳ですが、その分、個別のニーズに振り回されて、かえって対応がぶれてしまう恐れもあります。

心意気経営は、

社長の心意気である、感情と紐づいた、社長を突き動かす原動力を言語化する

⬅

その心意気を反映する形で会社の理念や商品の見せ方を考えて仕事に反映させる

という経営手法です。

社長の心意気を土台に仕事を組み立てることで、

心意気に共感する人がお客様になる
心意気に共感しない人はお客様にならない

という1つの判断基準ができます。

一人ひとりのお客様の感情の動くポイントは違うので、すべての人を満足させる仕事はありません。けれども、1つの判断基準をベースにすれば、「このお客様には売れなくても仕方がない」という納得感が生まれます。

嫌われる勇気ではありませんが、経営資源の乏しい中小企業の場合、薄利多売を続けていくことは難しいので、仕事においても、どこかで「腹を括って割り切る」ことが必要です。

この点、感情と紐づいた、その人を突き動かす原動力である心意気を土台にすることで、腹落ち感が全然違います。

「最近は自分のやりたいことしかやっていません」とおしゃっているクライアントさんは、まさに自分でも腹落ちされているので、

やりたいことはやる

やりたくないことはやらない

という判断基準が明解です。

このため、余計な迷いがなく、ストレスもないので、とても毎日生き生きとされています。

息子さんからは「ウチの運をすべて使っている」と言われているらしいのですが（笑）、それはまさにご本人が自分の心意気をベースに日々活動されているので、周りの人が自然と巻き込まれているのです。

自分の中で確固たるものを持っていないと、常に他者に振り回される危険性があります。

そして、仕事においては、他者であるお客様の懐と心を満たすことが求められるので、どうしてもお客様の言動に影響を受ける場面が多くなります。

このため、会社のトップである社長が「自分を突き動かす原動力は〇〇だ」と自覚しているか否かで、商品の魅力を伝える際や、社員への指示を出す際などにちょっとした差が生じます。

そして、そのちょっとした差が1ヵ月、半年、1年と積み重なっていくと、やがて大きな違いとなって会社の業績にも影響を与えます。

世の中は、

簡単にできる

すぐできる

誰でもできる

とうたっているノウハウややり方が溢れかえっています。

しかしながら、賢明な社長なら既にお気づきの通り、簡単に、すぐに、そして、誰でもできるものはすぐに真似できるので、すぐに陳腐化します。

心意気経営は、

**簡単にはできません**

**すぐに効果が出るとは限りません**

**誰でもできるものではありません**

けれども、それだからこそ取り組む価値があると私は考えています。

私もいろいろなコンプレックスがありますが、外観的なコンプレックスとしては、髪の毛が少ないというのが昔から持っているコンプレックスです。

家系的には、父はバーコード状態で、母方の祖父も磯野波平さんに近い人だったので、子供の頃から「いつかは自分も」というそれなりの覚悟はありました。けれども、30歳近くになってやや頭髪が気になり始めるという現実に直面すると、やはり「あ〜あっ」という落ち込む気持ちになりました。

ヘアトニックや育毛用シャンプー、リアップなど髪の毛に良いと言われるものはいろいろと試しました。また、ある時は30万円ぐらいかけて毛根の洗浄と頭皮のマッサージを行うサロンにも通ったことがあります。けれども、結局どの方法も決め手にはならず、今日に至っています。

では、育毛や養毛に多少お金と時間をかけたことを除いて、髪の毛の少ないことが私にとって不利益に働いたかという点ではどうでしょうか。

記憶を振り返ってみると、会社の先輩や同僚に「薄いねぇ」と言われた時に、ちょっと気分がへこんだぐらいで、転職の際にも、起業した後でも、髪の毛の少ないことが直接不利益につながったということはありません。しかし、もしかすると、「髪の毛が少ないことで少し気おくれする→もう一歩を踏み出せない→せっかくのチャンスを逃してしまう」

ということはあったかもしれません。

私の髪の毛の場合はいろいろと試しましたが、結果的には望むような結果は出ず、最終的には事実をそのまま受け入れるしかありませんでした。そして、私が髪の毛が薄いことに対してコンプレックスを持っていたのは、自分に対する自信のなさの裏返しでした。私はこのことにようやく51歳になって気づいたのです。

学んだノウハウを活かすも殺すも自分次第。自信のなさが出てしまうと、せっかくのノウハウも宝の持ち腐れになります。一方で、自信を持って臨めば、多少ノウハウの理解が浅くても、たいていの場合、上手くいきます。

ご自分の心意気を自覚されたクライアントさんが異口同音でおっしゃるのが**「楽になりました」**です。これは、今まで自分でコンプレックスだと思っていたことを含めて、**自分を信じるというこという意味での自信**を持つようになって、経営判断をする際に余計な迷いがなくなったからです。

一度切りの人生。一人でも多くの社長さんがご自分の心意気に沿って毎日を明るく楽しくお仕事に取り組めるよう、私もさらに知恵を絞っていきたいと思います。

なお、この本をお読みいただいて、「心意気経営」を実現したいと思われた方はお気軽

に弊社までお問い合わせいただければ、嬉しく思います

「弊社の連絡先」
ホームページ：https://www.heeze.co.jp/
メール：cs@heeze.co.jp
電話：03-4477-5608（平日9時〜18時）

## あとがき

今年3月31日に母が亡くなりました。85歳だったので、天寿を全うしたとも言えますが、3月7日に入院して、ちょうど1ヵ月で葬儀の日を迎えるなど、最後はあっという間で、まだ実感が湧きません。

それまでは元気に週2回プールにも通っていましたが、急に具合が悪くなって入院し検査したところ末期の癌。原発不明癌ということで、どこに癌が発生しているかも特定できないまま、長くても余命3ヵ月といきなり告げられ、びっくりしました。

人はいつか死ぬことは確実なことですが、そのいつかは突然来るかもしれないということを改めて痛感しております。

母の死という事実を受け止めて、私が今後に活かすとしたら、**「人はいつ死ぬか分からないので、今日を全力で生き抜け」**になります。

そうであるなら、私としては**「自分がやりたいこと、できることで、そして、人に価値を提供できることにより集中して全力で取り組みたい」**と決意するに至りました。

いつかは1冊ぐらい本を出したいと思っていましたが、「まぁ、もう少し実績を積んでから」という気持ちでいましたが、そのいつかは必ず来るとは限りません。

この点、今回の出版にあたって、私の背中を押していただいた柴山会計ラーニング株式会社代表の柴山政行様、株式会社バレーフィールド取締役の神藤浩史様、そして、出版元である株式会社ロギカ書房代表取締役の橋詰守様には改めて感謝申し上げます。

また、本の中でもいくつか事例としてご紹介させていただきましたが、心意気経営に関する本が出せたのは、弊社のクライアントさんが経営の改革に日々取り組んでおられる姿勢があったからこそです。個別にお名前を上げるのは差し控えますが、この場を借りて改めてお礼申し上げます。

また、日頃から妻として私を支えてくれる一方、心意気経営の取り組みを推進してくれている妻には感謝を贈りたいと思います。

孤立無援では本は出せませんでした。心意気経営では、孤立無援から個立応援を目指しておりますが、今回の出版にあたり、私自身が改めて応援されるありがたさを噛みしめております。

2022年9月

岩井　徹朗

## 主要参考文献・資料

『坂の上の雲』司馬遼太郎著（文春文庫）
『ニュータイプの時代』山口周著（ダイヤモンド社）
『セルフ・アウェアネス』ハーバード・ビジネス・レビュー編集部編（ダイヤモンド社）
『ビジョナリーカンパニー②飛躍の法則』ジム・コリンズ著（日経ＢＰ社）
『ストーリーとしての競争戦略』楠木建著（東洋経済新報社）
『理念と経営（２０２１年10月号）（コスモ教育出版）
『才能が９割』北端康良著（経済界）
『自分のアタマで考えよう』ちきりん著（ダイヤモンド社）
『パン屋ではおにぎりを売れ』柿内尚文著（かんき出版）
『『具体⇅抽象』トレーニング』細谷功著（ＰＨＰビジネス新書）
『メタ思考トレーニング』細谷功著（ＰＨＰビジネス新書）
『戦略思考トレーニング』鈴木貴博著（日経文庫）
『稼ぐ言葉の法則』神田昌典著（ダイヤモンド社）
『東大教授が教える知的に考える練習』柳川範之著（草思社文庫）

## 著者プロフィール

**岩井 徹朗**（いわい てつろう）

1963年　和歌山県生まれ

1986年　早稲田大学政治経済学部卒業後、大手都市銀行に入社

2000年　インターネット専業銀行の設立準備会社に総務部長として転職

2004年　GPS関連のベンチャー企業に入社

2006年　ヒーズ株式会社を設立

「言葉を紡いで会社の品質を上げる」ことをミッションとして、主にオーナー企業を対象に、業務改善、人材育成、社内体制の構築や新規事業の創出に取り組んでいる。感情や価値、資金繰りなど、「見えないもの」「見ていないもの」「見せていないもの」を言葉という形にすることで、「これがええやん！」を見つけてもらう仕事を通して、一人ひとりが自然体で成長し、その真価を発揮する世界の実現を目指している。

**【会社のホームページ】**

https://www.heeze.co.jp/

**【著者の主なSNS】**

ブログ：https://ameblo.jp/dodai01/

Facebook：https://www.facebook.com/tediwai

Twitter：https://twitter.com/heeze1963

note：https://note.com/coreconcept_mm/

# 「心意気」から始める経営改革のススメ

2022年11月10日　初版発行

著　者　岩井 徹朗

発行者　橋詰 守

発行所　株式会社 ロギカ書房
〒101-0052
東京都千代田区神田小川町2丁目8番地
進盛ビル303号
Tel 03（5244）5143
Fax 03（5244）5144
http://logicashobo.co.jp/

印刷・製本　モリモト印刷株式会社

©2022 Tetsuro Iwai
Printed in Japan
定価はカバーに表示してあります。
乱丁・落丁のものはお取り替え致します。
無断転載・複製を禁じます。

978-4-909090-80-5　C2034

**好評発売中！**

**税理士の仕事がなくなる !!!**
**＜柴山式コーチ型コンサルティング＞とは…**

経営者から信頼される＜戦略会計人＞になるためのスキルアップ術を伝授 !!

# 税理士が経営参謀になる極意

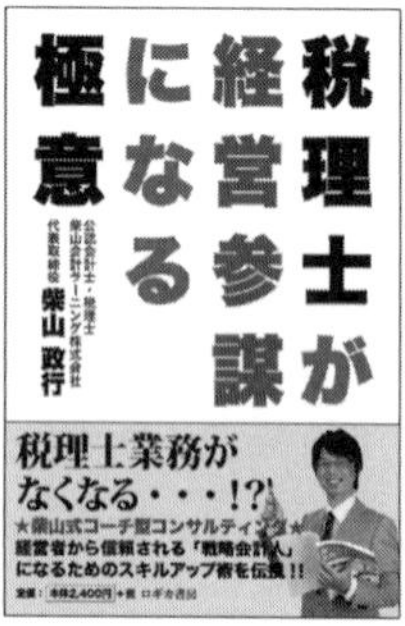


**柴山 政行** 著
公認会計士・税理士
柴山会計ラーニング株式会社代表・柴山政行公認会計士税理士事務所所長
四六判・244 頁・並製・定価：2,400 円＋税

---

**第 1 章　経営参謀の役割**
**第 2 章　人格の重要性**
**第 3 章　マーケティングとイノベーション**
**第 4 章　ミッション**
**第 5 章　戦略**
**第 6 章　経営計画**